越玩越专注

培养孩子自我察觉能力的
45个正念游戏

杨舒雯 —— 著

中信出版集团 | 北京

图书在版编目（CIP）数据

越玩越专注：培养孩子自我察觉能力的45个正念游
戏 / 杨舒雯著. 一北京：中信出版社，2021.9
ISBN 978-7-5217-3397-6

Ⅰ.①越… Ⅱ.①杨… Ⅲ.①游戏—儿童教育—家庭
教育 Ⅳ.① G781

中国版本图书馆 CIP 数据核字（2021）第 149927 号

越玩越专注——培养孩子自我察觉能力的45个正念游戏

著　者：杨舒雯
出版发行：中信出版集团股份有限公司
　　　　　（北京市朝阳区惠新东街甲 4 号富盛大厦 2 座　邮编　100029）
承 印 者：北京联兴盛业印刷股份有限公司

开　　本：880mm×1230mm　1/16　　总 印 张：18　　字　数：100千字
版　　次：2021年9月第 1 版　　　　印　次：2021年9月第1次印刷
书　　号：ISBN 978-7-5217-3397-6
定　　价：68.00元

▼

如果孩子是亲子关系中的一面镜子，那么你在镜子里看见什么？

这一切也许都要从2014年那场震惊中国台湾的台北捷运袭击事件谈起。我是一位长期定居在美国加利福尼亚州的老师，任教于蒙台梭利教育领域二十多年，记得那年暑假我回家乡探亲，正好碰上了这场让台湾相当恐慌却也非常值得省思的事件。一个22岁的孩子，在一向以安全和谐著称的台北捷运上，犯下了一件让自己生命败亡也剥夺了别人宝贵生命的重大罪行。在那段电视媒体纷纷扰扰的日子里，我以一个在海外从事教育职业的游子身份，沉默地看着一播再播的电视新闻。我可以感受到从电视屏幕里社会大众传达出来的愤怒、悲泣、恐慌等情绪，也联想起那阵子在美国接二连三的校园枪击事件，身为老师的我，开始在脑海里不断浮出几个问句：

"我们的教育到底在哪里出错了？"

"教育还可以为孩子做些什么？"

"谁该负起教育的责任？"

"是父母？是老师？还是我们的社会？"

这些问题不会有简单的回答，也不会有完美的答案，但是这些还是值得所有为人父母，还有作为教育者的我们不断提出的问题，甚至是所有成人都需要去关切的问题。因为我们不应只关心自己家中的孩子或教室里的学生，我认为所有的孩子都是我们的孩子，任何一个在社会中我们未曾谋面的孩子，都可能成为你自己孩子将来生命中的一员。他/她可能和你自己的孩子建立起某种关系，那关系可能是伴侣、工作伙伴，也可能是政府里的某个官员。这就像那个你我或许都不认识的22岁孩子，他的行为已经震荡了社会的安宁和谐，而我们能说这对我们来说真的无关紧要吗？

就在那个夏天的一个早晨，经过一夜的思索，我起了个大早，从书桌上找出纸笔快速地写下几句话："我是一位蒙台梭利老师。虽然世上已经有很多很棒的老师了，但是单一从事生命教育的老师却是少之又少。在这条路上，虽然此刻我还没有任何人可以遵循，但是凡事总得有一个开始。我要当一个生命教育的老师，让孩子认识自己并且看见生命的价值和美好！"

现在回想当初会写下这段话的原因，可能是希望自己不要反悔吧！因为这条路一定不好走，但是没有太多人走的路反而更需要被开垦，不是吗？

这一走就是七年，虽然我早在2013年时就已在美国取得正念教育师资格证，但那之后我还是继续在正念教师机构上课进而授课，并开始了和孩子们正面接触的静心教养课程。在这期间我无形中积累了许多自己和孩子静心教养练习时的想法、教案与心得。慢慢地我将课程延伸到加利福尼亚州内地父母的静心教养教育，同时进行在校老师培训及海外教师培训。这一切都驱使于当初在台湾的那个早晨里，一份对生命教育的信任和责任的初心。我真的很荣幸，这本书以中文的方式首先问世，虽然这些原稿都是用英文写成的，但是西方的正念教育本源来自东方的思想底蕴，所以在中国出版，也是一种回归和致敬。

新冠疫情自2020年暴发以来，人类经历了一场历史上前所未有的翻滚动荡，其间所发生的一切，无不具化了我们过去习惯逃避却也非常重要的生命课题，诸如：如何面对恐惧？如何与未知共存？如何以一种更慈悲同理的态度，来理解人类命运共同体？如何不让身体死亡的威胁、心里的恐惧不安，还有心灵的迷失与匮乏将我们击败？要知道，我们现在所做的每一个应对，孩子们都在学习观察着，而我们树立什么样的榜样，换句话说，我们给出什么样的生命教育，至关重要。

　　教养孩子是一门艺术，这段关系为作为成人的我们提供了一面镜子，让我们常常有机会被迫去照那面镜子来省思自己，接受孩子让我们看到许多我们不愿意去承认的自己。多年和孩子共事下来，我对生命教育只有更多的谦卑，对课程里的每个孩子带着一种平等谦虚的心态来对待，因为孩子最终是来帮助我们成就更成熟的自己的。孩子促使我在生命教养的学习里，不断提高觉知，让我不得不放下意识里根深蒂固的权威模式，放下师长高高在上的姿态，把自己和孩子放在一种平等互爱、相互学习的成长环境里。有许多孩子已经和我在这条路上学习了三四年之久，这群孩子因为早期接受了对觉知的培养，开始懂得如何察觉自己的想法，说出内心抽象的情绪，对别人的遭遇有同理心，也能对身边正在受难的人们或是大自然发出由衷的关怀。将来的世界若能交付给如此更有觉知的心灵，将是一种最美的传承与祝福，而我也对此充满坚定的信念。希望在此书中相遇的你我，能够互相勉励，把生命的美好和善意的本质，借着觉知和爱，传达给更多的孩子，进而创造出一个平和良善的美丽新世界。

杨舒雯

Chapter 1

静心察觉入门篇　　　13

1.1

做自己最好的朋友
16

1.2

什么是
静心察觉
40

Chapter 2

身体五感的静心察觉　　　131

一本写给我们大家的书

倘若我们不能帮助孩子在自己的天空里飞翔,
至少我们要避免折断他那原本可以展翅高飞的翅膀!

　　孩子是上天送给这个世界最美的礼物,每个孩子都带着独一无二的纯然本性来到这个世界。没有一个孩子需要借由比较或是竞争才能在人群中突显出自己的独特价值。相反地,过度强调竞争的教育模式,反而会在无形中压制孩子绽放出属于自己的生命之花。我们在学校里要求孩子努力学习、考高分、进名校,而往往忘记帮助他们认识自己、尊重他人。而这些,正是一个全人生命教育的初衷,倘若我们不能期许现今的教育达到这样的目标,至少应该提醒我们自己不要背道而驰!身为大人的我们,必须时时明观我们的教育现况,常常反思我们在教育里到底能为孩子做些什么?

更恳切地来说，倘若我们不能帮助孩子在自己的天空里翱翔，至少我们要避免折断他那对原本可以高飞的翅膀！

每个新生命来到这个世界，都犹如一颗充满潜力的神秘种子，人类异于其他物种最大的差别，就是这个有待开发的精神潜力，而"觉知"还有"爱与慈悲"就是让这颗种子茁壮成长最重要的两个特质。如果我们带着觉知和爱来灌溉这颗种子，那么每个花苞将会以快乐的生命力绽放出属于自己的精彩。生命的美，在于每个人能带着觉知和爱走出属于自己的生命道路。本书的静心察觉教养练习都是以这两大宗旨为依据，并在所有的游戏里不断地借由精心设计过的教材和练习来加深孩子的觉知，相信只有通过觉知，孩子才能进而懂得爱自己并对自己及身边的世界万物升起爱与慈悲的大爱胸怀。

这是一本适合三岁到十二岁，
还有已是成年你我的静心察觉教养书籍

静心察觉教育不像其他学科教育，可以定出一个清楚的学习年龄范围，但是在这本书的主轴上，我还是大致以三岁到十二岁的孩子为目标，做了这一系列的游戏练习规划，然而所有的练习都应该是灵活的，只要你带着一颗开放并且有弹性的心，配合书上所分享的原则概念，你就可以有创意地把这些练习游戏运用在你和孩子的生活互动上，换句话说，这本书是你的参考书籍，但是最重要的是，你必须带着爱和觉知来和孩子互动学习，这样才会达到最好的效果。

我们的心是奥妙精细的，因此在国外的许多正念练习教案书籍里，他们不会明显地去区分孩子的年龄来做练习，有的书上甚至说练习年纪从3岁到108岁都可以！这并不是开玩笑或是不切实际的说法，而是一种对生命教育保持开放、弹性和灵活的态度。

熟练掌握书中所有的练习技巧，不会是我们的最终目的；相反地，我们希望借由循序渐进的练习心得和其中可能会犯的错误，帮助我们打破过去对权威教育方式的偏执。相信只有这样的谦虚才能够培养出带着觉知、能够独立思考并与人合作，知道爱自己也懂得对别人慈悲的下一代！往这个大方向前进，你我就具备了和孩子共享生命之旅的所有精神食粮，而这本书就是为了这样的你我所设计的！

本书的四大特色

1. 从人类共有的四个觉知层面分别深入探讨，借此来提高生命的全面觉知。

　　为了加强孩子对这四个觉知的分别印象，也为了让读者在阅读时对于四个觉知的读取方便，我特地用了四种不同的颜色来区分这四个领域，而在本书的设计上，也做了相应颜色的配合以方便读者分类学习。各个觉知领域和相应的颜色如下：身体—绿色，想法—蓝色，情绪—红色，爱与慈悲—黄色。而在这本书里，我们将把重点放在这四个觉知的入门介绍和代表身体察觉的绿色领域。

2. 每个练习都尽量配合实际的具体教具操作

　　由于我自己本身曾是蒙台梭利老师的缘故，我深深体会到实体教具对儿童教学互动的好处与影响，借由外在的感官接触进而影响到内在的体验和深化是启蒙教育的一大推手，所以我在书中每个练习都加上教具搭配，而这些教具设计都尽量做到让读者可以轻易准备，甚至可以和孩子一起动手完成，如果你有时间和孩子动手做教具，这样更能让孩子对教具产生情感的联结，帮助他们的学习。

3. 以孩子视角出发的用语，帮助孩子更容易进行沟通

　　练习中加入了许多特定的沟通用语，而这些用语都是以孩子的视角来设计的，这会帮助孩子更自然地去诉说内在的情绪与爱的感受，更有机会学习表达自己的情绪，更好地和他人沟通。

4. 每一个练习都以我和孩子们多次互动的教学经验为基底

所有练习指南都是我在教学上不断修改的成果，在我和孩子们的一次次实践经验里，逐渐淘汰在练习过程中可能遇到的不妥之处，并在"游戏小叮咛"里和大家分享这些心得，希望以此减少老师或是家长在练习时可能遭遇的不必要的困难与挫折，让练习可以更加顺畅！

**这是一本同时为儿童、家长还有老师，
量身定做的教养书。**

写给身为家长的您：

在日新月异的网络年代，孩子正面临着知识过度膨胀的压力、高度竞争的恶性循环，还有网络霸凌等问题，这些都不是过去我们熟悉的成长经验所会面临的挑战，因此很难和孩子同理并适时给出建议，我们仿佛和孩子在同一时间界面上摸索，而与此同时我们也似乎有忙不完的事情必须去处理——在如此繁忙的生活基调下，越来越多的家长和教育者开始对教育下一代的孩子出现力不从心的状况并因挫折感而竖起白旗。

坊间有许多有关教育的书，然而就如同许多家长或是老师学员在课堂里气馁的反馈一样："写是写得很好，看也看得懂，只是要做起来实在好难！"其中最大的困难是，当孩子的偏差性行为发生时，往往也是最挑战父母内在高涨情绪的时候，硬碰硬的不良沟通的结果往往是把父母跟孩子弄得两败俱伤，精疲力竭。为什么会有这些困难呢？主要的原因是，生命教育不该只是把我们懂的教条原则说给孩子听，更重要的是我们必须先提高自己的觉知，内化我们想传达的概念原则，这样才能真正帮助到孩子！最有利的觉知练习，就是你和孩子有一起内化的学习教材工具，这样会让父母和孩子有一个共同练习沟通的桥梁，而书中的游戏练习，就为你和孩子提供了这样一起学习的最好契机。

透过游戏练习（没错，游戏是需要练习的），本书将会为你和孩子提供一步步进行的深入浅出且深具启发意义的练习，所以如果你愿意，你就是孩子最好的心理辅导师！另外我也了解，身为父母的你，或许在家庭日常氛围里，要全面运用练习中的指示性教学来和孩子互动或许太过正式，但我还是建议你先浏览整个游戏单元的流程，有了大致的概念之后，再参考"静心察觉小记"里的建议，让它帮助你在家居生活中，用一种更轻松日常的方式来和孩子做类似效果的练习。期待本书能让你和孩子在生命的各种不同情境中相互学习，打造出一个更有觉知、更幸福的亲子关系！

写给身为老师的您：

　　书中的游戏单元练习就是为老师体贴设计的，因为我自己曾是老师，深知在教学领域对老师最实际的协助，就是提供清楚可循并且可以立刻派上用场的教案！每个单元不但清楚标明练习时应准备的教具，更贴心地将每个步骤依序说明，换句话说，这个单元非常适合身为教育工作者的您来应用。

　　虽然老师不是家长，但是老师和家长的理念应该是一致的，而这也是我自己在给父母及老师的课程里不断强调的重点！老师和家长在做这些练习时，最大的差别应该只是练习应用的场所而已。在我教学的领域里有许多老师本身就是家长，所以他们都很乐意练习这些方法和理念，并同时在学校及家庭中和孩子们练习，而有许多家长也都认同，自己就是孩子在家里的老师，所以老师和家长的角色仿佛细微地交替着！老师和家长需要有一致帮助孩子成长的决心和共识，这能对家庭与学校之间的了解与合作，产生巨大的助力。两者积极合作，将使孩子成为最大的受惠者，也因此将为孩子的生命带来莫大的祝福！我在每个章节的游戏主题后附上"给大人的悄悄话"分享，在那里我为所有大人们整理了该游戏单元的主要精神架构和概念，为的就是协助父母和老师对练习有系统性的了解，让孩子在家和学校得到生命教育的一致性概念。

如果健全人格生命教育是一张我们想要实现的蓝图，
那么书中所有的练习就是你手上的一片片拼图！

这是同时为儿童、家长、老师，还有想要疗愈自己内心的成年朋友们所设计的一系列静心察觉书籍中的第一本，在这本书里，我们将从静心察觉教育里的"静心察觉入门篇""身体五感的静心察觉"出发，并在接下来其他系列书里，逐步介绍呼吸与想法，还有情绪与爱的关系练习。整个系列连贯起来就像是在拼凑一张健全人格生命教育的蓝图，而你和孩子一起做的每个练习就是一片片拼图。相信只要你有耐心，从书中所得到的知识与觉知，将足够带领你在生活中和孩子互动学习运用，在一步步的实践中，你会慢慢体悟出整套静心察觉教养背后想传达的美意和概念，而这正是我在自己教学的过程中不断与儿童、父母和老师互动之间所见证到的事实！

请不要忘记，这张蓝图的基底是觉知与爱，但它将会因你和孩子的互动而呈现不同的美丽风景，只有你和你的孩子才有可能共同创造出一段全新的、有意义的亲子关系。

这是一本帮助你在教育孩子的同时也教育你自己的书，它会帮助你在教学中开始找回自己，并在和孩子的互动练习中，重获自己对生活平静的力量和弹性。我衷心希望这本书对你来说不单是一本亲子或是儿童教养书，而且是一本帮助你和孩子共同修炼、一起成长的书籍，因为只有这样，才能"你好我也好"，而这也是我们乐于期许的最圆满的亲子、师生关系！

简单的音钵介绍

音钵是我每次上静心察觉课时必带的教学工具，除了音钵本身的声音悦耳，有安定人心的作用之外，它还可以发挥像学校里上下课铃声的作用，提醒孩子每个练习的开始与结束。音钵还可以拿来做许多不同的静心察觉练习，可说是好处多多，所以建议大家添置。若没有准备音钵，做练习时也可以用一般的小铃铛来替代。

游戏小叮咛

对音钵的尊重就是对自己内在的尊重。

和孩子第一次上课时，在自我介绍之后，我会接着介绍音钵。这么郑重其事地介绍音钵，是希望孩子能对音钵产生庄重平静的第一印象，以后一看到音钵时，就会自然联想到安静平和的象征，也借此提醒孩子，静心察觉课程就是一门为内心带来安定平和的课程。

音钵的用法：

方法一：敲击音钵

1.请孩子安静舒服地坐好，做三个有觉知的深呼吸，让心静下来。

2.请把端着音钵的一只手放在胸前的位置，手掌张开，让指尖延伸出去，就像太阳散发出光芒一样。

3.另一只手握住木槌，以水平方向，轻轻地往音钵外部水平中间的部位敲一下。

4.静心地听音钵所发出来的宽广深远的声音。

5.建议等音钵振动的声波完全消散之后再敲第二声。

方法二：旋绕音钵

1.请孩子安静舒服地坐好，做三个有觉知的深呼吸，让心静下来。

2.请把端着音钵的一只手放在胸前的位置，手掌张开，让指尖延伸出去，就像太阳散发出光芒一样。

3.另一只手用前三指拿着木槌（像是握笔的方式），以垂直的方向，稍微用力地往音钵外部水平中间的部位敲一下，当作一种引导音钵发声的方式。

4.当声音一出来，木槌就以顺时针的方向开始绕着音钵的边缘旋绕。

5.让孩子感受并调整自己旋绕木槌的快慢速度，让音钵的声波可以慢慢地振荡开来，邀请孩子静心聆听音钵所发出来的宽广深远的声音。

静心察觉入门篇

　　在开始新课程前，我觉得最重要的是和孩子建立对"环境的安全感"，还有对"老师的信任"，如果我们太急着教些什么，那我们可能会欲速则不达，而无法与孩子产生真正的沟通和交流，教授一般学科如此，而有关生命的静心察觉教育更是如此。就像游泳前要热身一样，我也安排了一个入门篇来当作孩子们正式进入静心察觉教育前的序曲，以此来建立孩子对静心察觉教育的兴趣和信任。

靠自己内在的力量去经历生命

　　这个章节里的练习从帮助孩子了解"什么是自己"开始，在练习的过程中，孩子将学会定位自己的价值，而这不仅是外表上的自我认知而已，同时也是让孩子在心理层面上学习如何当自己最好的朋友！

　　要和孩子用字面说明什么是静心察觉，无疑是一个很大的挑战，但很庆幸我们也不必这么做。在本书当中，你将会发现静心察觉教育不断强调的是"经历"，而不是字面上的解释。新时代的孩子最需要的学习方式就是——靠自己内在的力量去经历生命，而不是依赖我们要他们接受的定义。

　　在这个章节里，我们用四个带有颜色的觉知圆圈来向孩子解释静心察觉的四个面相（身体、想法、情绪、爱与慈悲），借由具体的教具还有分享讨论，让孩子们在自然而不费力的状态下，接受对大人来说或许都还很抽象的观念。举个例子来说，我们在游戏取向的练习里，会让孩子经历所谓"现在"的意义——让孩子学习用五感经历当下，然后从自己内化的感受里找到所谓对"现在"的定义。换句话说，只有这样，孩子才会了解什么才是活在当下的感受，而不只是一种口号而已。

在这个入门的章节里，我们用暖身的方式向孩子简单地介绍每个静心察觉圆圈的主要含义，有了这些导入式的暖身练习，孩子可以在即将要做的一系列静心察觉练习前奠定一定基础的概念，相信这也会激发他们想要学习静心和认识自己生命的动机！

⓵ 1.1 做自己最好的朋友

练习前给大人的
心灵小暖身

我们都想和自己和平共处，
因为只有和自己和解，
我们才有能力和世界和平共处。

认识自己vs适应环境

在六岁之前，孩子身体正在迅速发展着，他们的大脑也会不断因外在经验刺激而发展、整合，换句话说，孩子正以模糊的"自我雏形"和"自己是谁"来与世界交接认识着，因此孩子早期的自我认知比重，远超过如何和别人社交的比重，简而言之，孩子在六岁之前的黄金时期里，正忙着努力认识自己。

在现代社会里，许多父母因为工作等种种因素，选择让孩子在三到四岁之间就上幼儿园，换个角度来说，孩子在还没有机会充分经历自己或是认识自己之前，就因外在因素而必须提早去适应群体内的社交生活。我们都知道，社交生活强调的是纪律和合群，而这无形中就相对减少了孩子经历自己的时间与空间，而多出了一些如何去适应大环境的压力。

请不用自责，这并不是说我们不该让孩子在六岁以前去上幼儿园，我自己也曾是学龄前孩子的老师，我十分肯定优质幼儿园存在的价值，我在这里不是要推翻任何体制，只是想提醒身为大人的我们，不管是在家还是在学校，我们都必须带着察觉去体恤这一时期的孩子对认识自己的渴望，随时对这样的渴望保持支持和觉知，因为只有这样，我们才有可能真正帮助到孩子，而不是一厢情愿地给予他们我们认为需要遵守的东西。

把"空间"还给孩子

在目前的教育体系里，其实大人最给不起孩子的就是"空间"。现今孩子的日常生活里普遍充满各式各样的学习活动，就连好不容易可以休息的假期也被各种活动塞满了。把"空间"还给孩子，并不是说我们就不用管孩子了，而是说，我们可以用一种更觉知的方式，来帮助孩子营造一个有更多"自然""游戏"，还有"觉知"的生命空间。刚刚提到的这些空间元素会帮助孩子经历自然真实的生命原貌，也会借此在经历中丰富他们自己。孩子需要的不只是我们对他们耳提面命的教导，更重要的是一种对他们生命本然的尊重。不妨偶尔先放松一下，不要急着去管孩子要用什么乐器来吹奏他们当下的生命之歌，让我们先学会聆听他们，这样我们或许就能跟得上他们独一无二的生命旋律，和他们一起共舞庆祝，而不会总是打乱他们的舞步，弄得两败俱伤。

接下来这个游戏单元，就是要引领孩子来认识自己，这个过程里没有对错的教条，也没有分数的高低，只是借由游戏来帮助孩子看见自己，给他们提供一个隐藏着善意邀请的"空间"，让孩子在那个"空间"里快乐地遇见自己。

练习
1

父母是我的根

适合年龄 5 岁以上

教材　A. 音钵

B. 一株被剪掉根，快要枯萎的植物

C. 一株种在土壤里，有根的健康植物

D. 画纸、绘画材料

方 法

① 邀请孩子和你坐在一个安静舒服的空间里。

② 告诉孩子，我们今天要做一个"父母是我的根"的练习，这是一个有关认识自己的练习。

③ 轻敲音钵，练习开始。

④ 拿出准备好的两株植物放在孩子的面前：
一株被剪掉根，快要枯萎的植物；
一株种在土壤里，有根的健康植物。

⑤ 请孩子仔细观察，并问孩子："这两株植物最大的不同之处在哪里？"请孩子举手分享。（让孩子说出许多的不同之处，最后提醒孩子最大的不同之处是一株快要枯萎了，而另一株长得很健康。）

⑥ 问孩子是什么原因造成"一株植物可以继续生长，一株却要枯萎死亡了呢"。（根）

⑦ 接着问孩子："为什么根对于植物这么重要呢？"
（孩子的分享可能有：土里有很多养分，根会吸收土里的养分，雨水会滋润土壤，植物可以继续生长，接受阳光、空

气、水等。）

⑧ 以此例子来引导孩子，父母就像是我们的根，当我们在妈妈的肚子里时，我们都像是一颗小小的种子在发芽，妈妈小心地照顾我们，并且安全地把我们生下来。不仅如此，生下我们之后，爸爸妈妈还给我们提供生活所需的一切养分，例如：一个安全的家，供应我们三餐饮食，生病时照顾我们，让我们去上学，学习新的事物，让我们可以继续茁壮成长。接着，请孩子自由分享他们从父母那里所得到的一切照顾，也邀请孩子想象一下，没有父母在身边照顾的孩子，是不是很像没有根的植物？他们可能无法很顺利地得到照顾并成长，因此，我们除了珍惜感恩自己的父母之外，也要去关心那些没有父母照顾的孩子。

⑨ 发给孩子画纸与画笔，请他们各自制作一张卡片，在卡片里画下一株植物，并在植物所结的果实里，写下父母照顾他们的例子或是写出对父母感恩的话。

⑩ 轻敲音钵，练习结束。

游戏小叮咛

有些家庭可能是孩子被领养的家庭，所以在提到"根"时，请体贴每一个孩子不同的家庭状况而选择适当的用词来和孩子进行这个练习。

分享讨论重点提示

问孩子当他们想到父母对他们的照顾时，是否有感恩的心情？没有父母给我们这个身体，我们就不会在这里。认识自己的开始，就是先感恩把我们带到世上的母亲，还有照顾我们的人。

孩子们对这个练习有很大的正面响应，比如说：七岁女孩安的妈妈告诉我，以前安常常会和妈妈拌嘴吵架，做了这个练习之后的几天里，安明显比以往贴心、听话了，安的妈妈说她生日那天，安还非常贴心地和爸爸去买了一株植物盆栽送给她，附上的卡片里写着"谢谢妈妈把我生下来并给我一个温暖的家"，这让安的妈妈感到相当安慰与感动。

另外一个小男孩提米，在他生日那天刚好做了这个练习，练习之后，提米在卡片上画了一个躺在床上的女人，女人的上方有一把刀，刀边还画有几滴血，我看着这血腥的画面有点狐疑，问提米这画代表什么意思？提米告诉我，别人曾对他提起，妈妈生下他的那一天，生产的过程并不顺利，所以提米想妈妈一定受了很多苦，因此他特别想要谢谢妈妈把他安全地生下来，并给予他这个健康的身体。

做自己最好的朋友

适合年龄 5 岁以上

教 材	A. 音钵
	B. 小镜子

方 法

① 邀请孩子和你坐在一个安静舒服的空间里。

② 告诉孩子，我们今天要做一个"做自己最好的朋友"的练习，这是一个有关认识自己的练习。

③ 轻敲音钵，练习开始。

④ 邀请孩子分享："谁是自己最好的朋友？为什么？"

⑤ 让孩子分享好朋友的特质（孩子可能分享：一起玩/ 在你需要的时候帮助你/ 提醒你去做对的事/ 支持你/ 和你一起哭，一起笑/ 当你害怕的时候，他会陪你/ 他会一直和你在一起，不会离开你等）。

⑥ 等孩子分享完有关好朋友的特质之后，告诉孩子即使某个人是他现在最好的朋友并拥有以上所有特质，这个人也可能不会永远都在他身边，比如说：好朋友可能会去上别的小学或是搬到不同的城市等。

⑦ 接着告诉孩子："有一个人，你会想跟他做一辈子的好朋友，因为这个人一辈子都会和你时时刻刻在一起。"告诉孩子，每个人都会希望有个人可以一起玩，这个人会在你需要的时

候帮助你，提醒你去做对的事，支持你，陪你一起哭一起笑，当你害怕的时候，他也会陪着你。接着问孩子："想不想知道这个人是谁？"

⑧ 带着点神秘色彩地告诉孩子，现在你要请这个人出来，请孩子们闭目期待，因为他们将和他们这一辈子最重要的朋友见面了！

⑨ 从你的背后拿出小镜子，然后对着镜子里的自己说："我见到我这一辈子最重要的朋友了，那就是我自己！"

⑩ 接着把镜子传给坐在你旁边的孩子，当孩子拿着镜子照着自己的时候，你可以问孩子："镜子里的人是谁？要做你这一生最好的朋友是谁？"让孩子说出自己的名字，然后跟着你重复说一次（以"洁西"为例）："（洁西）一生中最要好的朋友就是（洁西）！"

⑪ 以此类推，直到所有的孩子都练习完为止。

⑫ 轻敲音钵，练习结束。

分享讨论重点提示

提醒孩子，我们每个人都是独特的，世界上只有一个独特的自己，因此我们将学习好好照顾这个独一无二的自己。

静心察觉小记

这个练习很简单，但是它的确带给孩子一个很重要的观念，那就是——当自己最好的朋友！

对很多孩子来说，这或许是第一次被正式介绍这样重要的观念，因此这个练习对孩子来说就像是里程碑一般，富有尊重自己的神圣含义，相信这将会在他们小小的心灵里留下深刻的印象。

在这个练习之后，我经常在各种不同的静心察觉练习里听到孩子自然而然地说出爱自己是多么重要这样的话语，每次一听到这样的分享，我总是非常欣喜，毕竟这是我个人在成年很久之后才慢慢内化的观念和努力学习到的功课，我深深觉得孩子若能在早期生命里有爱自己的观念，这将是非常宝贵且重要的。

半面自画像

适合年龄 5 岁以上

教材 | A. 音钵

B. 一张A4 纸大小孩子的大头照

C. 纸/ 绘画材料/ 回形针

方 法

① 邀请孩子和你坐在一个安静舒服的空间里。

② 告诉孩子，我们今天要做一个"半面自画像"的练习，这是一个有关认识自己的练习。

③ 请孩子拿出从家里带来的自己的A4纸大小的大头照，并请孩子把照片左右平均对折。

④ 让孩子把对折好的照片用回形针固定在A4白色画纸上的一边。

⑤ 轻敲音钵，练习开始。

⑥ 让孩子好好观察自己在照片上的半边脸，然后用铅笔在半边的白纸上描绘出另外半边脸的轮廓，之后可以再加以涂色。提醒孩子静心慢慢画，画得越详细越好。

⑦ 轻敲音钵，练习结束。

分享讨论重点提示

在团体里分享每一个人的作品，并让孩子分享自己在画图过程中，对于自己五官产生的新发现和认识。

游戏小叮咛

　　当孩子在分享自己的自画像时，你可以说出你对孩子画作中五官里一些更细微部分的观察，例如眼睛的颜色、眉毛的形状、脸部表情等，借此来加强孩子对于自我认识的概念。

静心察觉小记

这个练习很好玩，整个过程不只是让孩子认识自己的样子，还间接帮助孩子学着接受自己。看着孩子们带着好奇的笔触，一笔一画专心地画着自己的模样时，我觉得很感动。

在我的经历中，这样的自画过程对大人来说反而更具挑战性，随着年龄的增长，我们似乎对自己的容貌有了更多的看法和批判。而我发现孩子的反应却和大人有着很大的差别，孩子们能够平和如实地画着自己的容貌，并且开心地让同学们看他们的自画像。身为老师的我，在这个过程里反省思考着，不知从何时起，长大后的我们改变了我们和自己的关系，何时我们不再只是从自己的角度看自己，而是从别人的眼光中去寻找他们希望我们成为的样子。

静心察觉教养的美，在于我们能在孩子的身上，反映出自己需要反省和修正的地方。孩子的心纯净如镜，时时照出我们的匮乏以及提醒我们的自我迷失，在孩子面前，希望我们永远保持谦虚并持续成长。

游戏主题：认识我自己

练习

4

我的形状

适合年龄 5 岁以上

教 材

A. 音钵

B. 一团粗毛线球或细绳

C. 纸片卡、画笔

D. 一段静心的音乐

方 法

① 邀请孩子和你坐在一个安静舒服的空间里。

② 告诉孩子，我们今天要做一个"我的形状"的练习，这是一个有关认识自己的练习。

③ 请孩子们看看四周，引导他们发现所有的物体都有形状，包括我们自己。这时可以请问孩子："是否想要知道自己的形状呢？"

④ 轻敲音钵，练习开始。

⑤ 播放静心的音乐，请孩子们安静地找一个不会打扰别人的地方躺下来。等所有孩子完全地安静躺下来后，告诉孩子你将用粗毛线来勾勒出他们身体的轮廓形状。在这个过程中，请孩子心平气和地躺着，让你可以为他的身体勾勒出形状。这时也请其他等待着被勾勒出形状的孩子们，安静地躺着休息，只要聆听静心的音乐即可。

⑥ 等所有孩子都有了自己的"形状"线条之后，请他们安静地闭上眼睛，感受处在"形状"线条里身体的感觉。请他们想想，他们会用什么话来形容"形状"线条里的自己。（例如：文静、活泼、爱说话、害羞、喜欢看书等。）或是想想自己

会想在"形状"线条里加上哪些特质呢？（例如：爱、耐心、快乐等。）

⑦ 接着告诉孩子，你将安静地行走在他们之中，最后会轮流地在每个孩子的耳朵旁轻轻敲一下音钵。当小朋友听到音钵声音的时候，请慢慢站起身来，小心谨慎地不要踩到用粗毛线勾勒出来的身体形状。

⑧ 请站起身的小朋友站在自己的"形状"线条旁边，静静地看着自己的身体形状。这时请他们想一想：刚刚心里面给自己的形容词有哪些？或是觉得自己想要拥有哪些特质？

⑨ 接着请孩子自行去取纸笔，把刚刚想到有关自己的所有想法，一一写在或是画在纸片卡上，之后再放到用粗毛线勾勒出的自己身体的"形状"线条里面。

⑩ 轻敲音钵，练习结束。

⑪ 带领孩子们轮流欣赏每个人的形状和放在形状里面的纸片卡，一一念出纸片卡上的文字，分享每个人的独特性和对自己的看法。

　　鼓励孩子说出自己的特质，也学着去欣赏别人身体的"形状"和放在"形状"里的各种特质，这将帮助孩子们更加了解自己还有别人。

游戏小叮咛

　　如果时间充分的话，可以鼓励孩子用纸片卡把身体的"形状"里面的空间用类似拼图游戏的方式来填满。

在和孩子做这个练习的时候，我感受到孩子们对自己的形状都非常好奇，也因此都十分专注并且全心配合着练习中所要求的规则。这是我没有想到的，感觉非常惊喜。

当孩子起身看着自己的"形状"时，眼里仿佛都闪耀着光芒。这也许是他们第一次从一个鸟瞰的角度来看所谓"自己"，甚至还能欣赏着"形状"里自己给自己定义的字字句句。这样做无疑让孩子从一个更客观的立场来看"我"是谁，不但新鲜，而且也很有意义！

　　本单元的主题是做自己最好的朋友，相信这是所有人内心最深处的渴望！生命状态的呈现是喜乐交融的，在生活中我们会经历快乐与悲伤，每个人都希望在这些经历里，能有一个人愿意无条件地和我们在一起，不离不弃，那将是多么幸福的一件事，也因此许多人用尽一生的力气寻找一个这样的人，而这样的人就如诗人徐志摩所说的"得之，我幸；不得，我命"。然而，我们的生命中却还有一个更重要的人等着我们去爱，那就是我们真实的自己。一个能跟自己当最好朋友的人，才会懂得什么是爱自己，也才会懂得去爱别人，因为只有懂得如何让自己好，才会懂得让别人也好。

　　练习1"父母是我的根"借由植物的比喻来让孩子饮水思源，感知自己从何而来，这样会让孩子油然而生出对于从父母那儿所得到的一切的感恩之心。

练习2"做自己最好的朋友"则是启发孩子把爱放在自己身上。当孩子在镜子里看到自己时，他们了解到一生中最要好的朋友可以是自己，于

是在心里留下了深刻的印象，原来自己可以学习当自己最好的朋友！这个练习像是在孩子心中种下一颗"爱自己"的种子，启发孩子树立更健康的自我概念。

练习3"半面自画像"则是初步让孩子从外表上来认识自己并且接受自己的样子。当孩子在一笔一画中慢慢勾勒出自己的模样时，那仿佛是一种无形的自我对话，让孩子对自己的样子有更多的尊重和了解，而这正是探索自己中很重要的第一步。

练习4"我的形状"则是通过有趣的方式，带领孩子从一个更客观的角度来看自己。当孩子站在自己的"形状"面前，看着"自己"，并把自己认为的特质——在"形状"中填满时，这无疑就是一种自我观察和自我反馈的初步心灵接触。

1.2 什么是静心察觉

由于正念教育在西方已蔚然成风，越来越多的家长带着好奇，希望他们的孩子能报名参加我的静心察觉课程。虽然这些家长本身可能对静心察觉教育还不太了解，但是对于这些心态开放并重视生命教育的家长，我总是心怀感恩并带有一种莫名的责任感，期许自己能够帮助他们在孩子的学习课程时间里，对静心察觉教育有更多的了解。

对这些刚接触静心察觉教育的家长而言，首当其冲的挑战就是如何向孩子解释，他们将要为孩子报名的是什么样的课程。换句话说，什么样的课程叫作静心察觉课程？（西方的家长一般在为孩子报名任何课程前，不论孩子年龄多小，都会向孩子解释课程内容并取得其同意，然后再做下一步的动作。）所以我常遇到许多新家长问我：如何向他们的孩子解释什么是"静心察觉课"？刚开始的时候，这着实也难倒我了，因为这样的生命课程不像一般学科那么容易被具体定义，但我还是请父母和他们的孩子说明，这是一个能够帮助他们"更能快乐地当自己"的课程。大多数的孩子刚开始似乎都是似懂非懂地接受这样的说法，然而很快地，孩子会回家告诉父母，他们有多喜欢这个"更能快乐地当自己"的课程，并很期待每次上课的到来。我想不仅仅是孩子，所有人都会喜欢上和自己连接并认识自己的过程，因为这是一种人与生俱来想和自己联结的本质。而看着孩子们在不同年纪里逐步带着觉知成长，则是我教学生涯里最大的喜悦之一。

我想或许是因为父母询问我如何给孩子解释什么是静心课，我决定给初来上课的孩子上几堂"什么是静心察觉"的介绍课程，这种做法有点像是我们在超市里会去品尝试吃品一样，孩子可以在各个介绍练习里，初尝"静心察觉"的个中滋味。接下来这个单元具备了静心察觉象征性的介绍与相对应的练习，非常具有启发性和趣味性，很适合大人小孩一起来探索练习喔！

四个觉知圆圈

适合年龄 5 岁以上

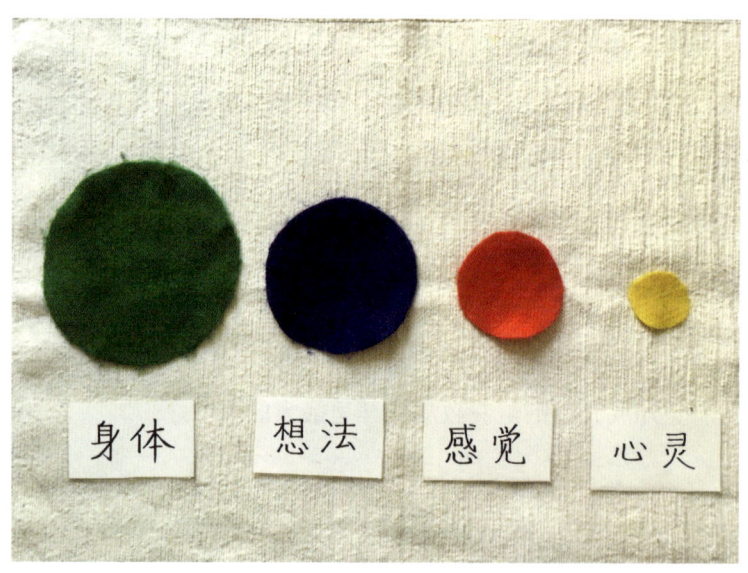

教 材	A. 音钵
	B. 四个毛毡做的觉知圆圈
	1. 绿色：身体　2. 蓝色：想法
	3. 红色：情绪/感觉　4. 黄色：爱
	C. 四张字卡：身体／想法／感觉／爱（对大一点的孩子，可以把"爱"改为"心灵"）

方 法

① 邀请孩子和你坐在一个安静舒服的空间里。

② 告诉孩子，我们今天要做一个"四个觉知圆圈"的练习，这是一个有关认识静心察觉的练习。

③ 轻敲音钵，练习开始。

④ 告诉孩子，在前面的练习里，我们知道每个人都是独一无二的，而且我们也知道当自己最要好的朋友的重要性，但是我们要如何来当"自己最要好的朋友"呢？

⑤ 接着告诉孩子，虽然每个人都是独一无二的，但是只要是人，我们都有四个特质，而且借由了解这四个特质，我们可以更加了解自己。

⑥ 开始介绍四个圆圈：
身体（绿色）
想法（蓝色）
感觉（红色）
爱/ 心灵（黄色）

⑦ 提醒孩子，这是我们每个人都有的四个特点。再次指着不同

的圆圈（由大至小）一一说出相对的字卡名称，请孩子跟着一起念。

⑧ 接着指着每个孩子的身体，告诉孩子，只要是人，我们都有"身体"，虽然每个人看起来都不一样，但是我们每个人都拥有一个宝贵的身体。

身体（绿色）：

（1）进行有关身体的讨论：让孩子去观察彼此的眼睛、鼻子、嘴巴等。

（2）告诉孩子：只要是人，我们都有"身体"，虽然每个人看起来都不一样，但是我们每个人都拥有一个"身体"。这是生而为人的第一个共通点："身体。"指着最大的绿色圆圈，然后告诉孩子："这个绿色的圆圈，代表我们的身体。"把代表身体的绿色圆圈放在毯子的左上方，并拿出"身体"的字卡，接着放在绿色圆圈的下方。请孩子跟着你说一次："身体。"

想法（蓝色）：

（1）请问孩子他们各自最喜欢吃的食物是什么，等孩子简短分享完后，再问孩子：是不是每个人都知道自己喜欢吃的东西，而且还能说出来？这就意味着每个人都有自己的"想法"，虽然我们看不到自己的"想法"，但是我们可以把它说出来。

（2）进行有关想法的讨论：想法可以帮助我们思考、做决定，还能带给我们想象力。比如说，想法也可以帮助我们知道我们想吃的晚餐是什么，想法可以帮助我们判断事情的对错，想法还可以帮助我们用想象力去画出我们想要画出的图片等。所以想法是生活中很重要的一部分，因此我们需要好好学习有关想法的一切事情。

（3）接着和孩子分享：只要是人，我们都有"想法"，虽然每个人想法不一定都相同，但是我们每个人都拥有想法。这是生而为人的第二个共通点："想法。"指着第二大的蓝色圆圈，然后告诉孩子："这个蓝色的圆圈，代表我们的想法。"把代表想法的蓝色圆圈放在绿色圆圈的右边，并拿出"想法"的字卡，放在蓝色圆圈的下方。请孩子跟着你说一次："想法。"

感觉（红色）：

（1）请问孩子："我们是否有快乐或是伤心的时候？"请孩子们分享会让他们快乐或是悲伤的事情是什么，等孩子们分享完成后，再问孩子："是不是每个人都会有快乐和伤心的感觉呢？是不是每个人都希望快乐，而不想要伤心呢？"这就意味着每个人都有自己的情绪，虽然我们看不到自己的情绪，但是我们都能感觉到它们。

（2）进行有关感觉的讨论：当我们做一件事情的时候，我们可能会有喜欢或是讨厌的感觉；当别人对我们说出一句话，我们可能会对那句话产生快乐或是伤心的感觉。比如说：听到别人说"我爱你"时我们会觉得快乐；听到别人说"你很讨厌"的时候，我们会有伤心的感觉。这是因为我们都有感觉、有情绪。

（3）和孩子分享：只要是人，就都有"感觉"，虽然每个人的感受不一定相同，但是我们每个人都有感觉和情绪。这是生而为人的第三个共通点："感觉。"指着第三大的红色圆圈，然后告诉孩子，"这个红色的圆圈，代表我们的感觉。"把代表感觉的红色圆圈放在蓝色圆圈的右边，并拿出"感觉"的字卡，然后放在红色圆圈的下方。请孩子跟着你说一次："感觉。"

爱/ 心灵（黄色）：

（1）请问孩子："当被爸爸或是妈妈很温柔地拥抱着的时候，有没有一种温暖的感觉？"那种感觉是不是和太阳发出温暖光芒的感觉很像？那是一种类似爱的感觉。我们虽然看不到爱，但是我们都喜欢那种被爱的感觉，因为爱会让我们觉得很温暖。

（2）进行有关爱的讨论：请孩子一一分享，什么时候他们会有爱的感觉？或是做什么事情的时候会感受到爱？（例如：帮助别人的时候、拥抱的时候等。）

（3）和孩子分享：只要是人，我们心里都有"爱"，虽然每个人对爱的定义不尽相同，但是我们每个人都拥有"爱"。这是生而为人的第四个共通点："爱。"指着最小的黄色圆圈，然后告诉孩子："这个黄色的圆圈，代表我们的爱。"把代表爱的黄色圆圈放在红色圆圈的右边，并拿出"爱"的字卡，接着放在黄色圆圈的下方。请孩子跟着你说一次："爱。"

⑨ 轻敲音钵，练习结束。

游戏小叮咛

请先由最大的圆圈开始介绍，因为身体是四个觉知圆圈里最具体的部分，接下来是想法、感觉和爱，从具体到抽象，慢慢依次介绍给孩子。

静心察觉小记

　　这个练习的灵感来自桑妮·麦克法兰所著的《发现孩子的爱之光》一书。这四个简单并且颜色鲜明的觉知圆圈，是我设计来连接自己静心察觉课程里所有练习的四个主脉。桑妮·麦克法兰女士在书中对生命教育的提倡和智慧，对我的生命教育主张带来很大的启蒙意义。

　　每次在做一个新的练习前，我都会提醒孩子接着将要做的练习是属于这四个觉知圆圈里面的哪一个圆圈。我期许孩子们在不同的练习里，不断地增强加深这四方面的觉知。相信借由这样的反复练习，孩子们能更系统性地逐渐了解自己各个方面的觉知，进而更加认识内在真实的自己！

滚珠静走

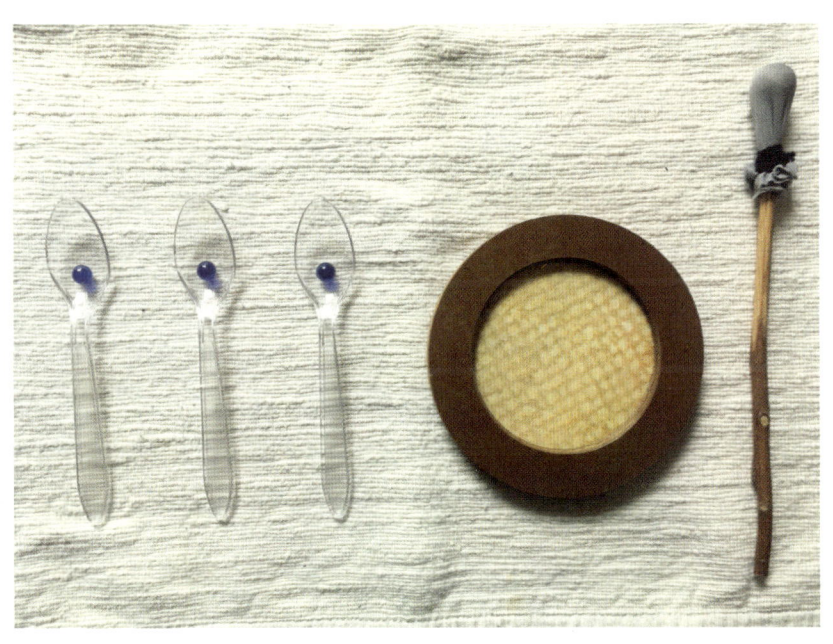

教 材	A. 音钵
	B. 透明塑料小汤匙
	C. 可以放在小汤匙里的弹珠
	D. 小鼓/ 鼓棒

方法

① 邀请孩子和你坐在一个安静舒服的空间里。

② 告诉孩子，我们今天要做一个"滚珠静走"的练习，这是一个有关认识静心察觉的练习。

③ 轻敲音钵，练习开始。

④ 用平和的语气问孩子：是否知道什么叫"静心察觉"(Mindfulness)？请孩子自由分享，接纳任何可能的答案。

⑤ 等孩子分享之后，邀请他们做一个练习，在这个练习里面，请他们去感受静心察觉对他们来说可能是什么。请孩子放松，并告知这个练习没有一定的答案，所有的答案都很受欢迎。

⑥ 请孩子安静坐好，接着你将邀请已经安坐好的小朋友站起来，把一只透明的汤匙放到他的手上。请孩子想一下，待会儿他想要到达房间里的哪一个定点，并请他在心里快速想一下待会儿走到那边的路线图。等孩子准备好，把弹珠放在他的汤匙里，并请他等候，直到其他小朋友也都准备就绪为止。

⑦ 告诉孩子，待会儿练习开始时，你会击鼓，每一次鼓声代表

他们可以往前跨一步。请孩子试着在这个过程里静心慢走，并且尽量不让弹珠掉到地面。

⑧ 用平稳的节奏击鼓，直到孩子都做完练习为止。

⑨ 轻敲音钵，练习结束。

分享讨论重点提示

让孩子分享自己对"静心察觉"的定义，并为孩子归纳一个你想要他们了解的静心察觉重点："对于正在发生的事情保持一种专注觉知的态度。"而对年幼的孩子可以说："静心就是注意现在正在发生的事。"

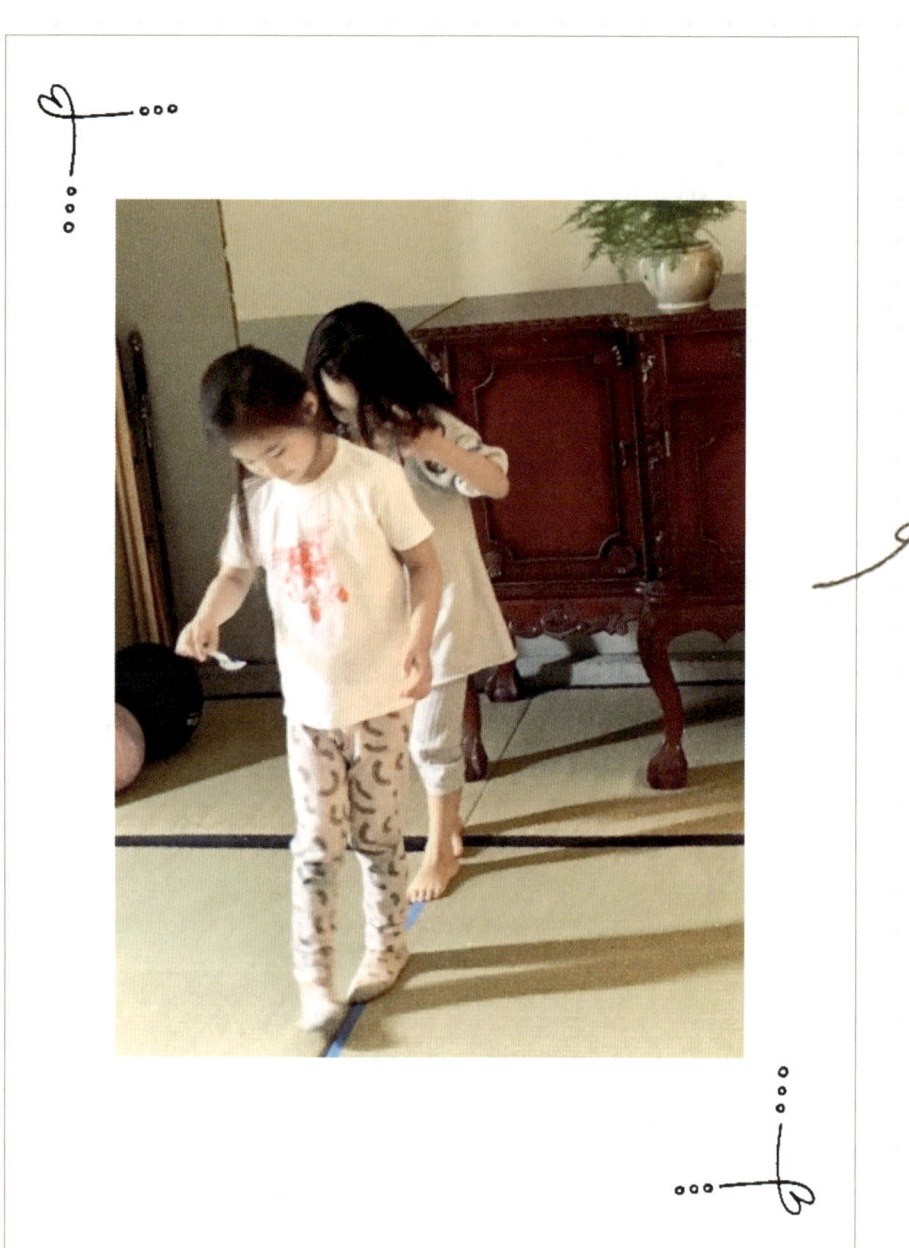

静心察觉小记

　　孩子们都非常认真专注地完成这个练习，并且在最后都欢喜兴奋地说他们做到了！有些孩子告诉我，当只专心做一件事时，他们心中感到平静，而那个感觉很舒服。我觉得孩子从体验中得到的静心察觉心得，比我们大人告诉他们什么是静心察觉的意义要深远许多。这些都是孩子们自己内化体验的结果，并不是别人给予的诠释，是孩子原汁原味的内化反应，因此会在孩子心中留下深刻的印象。

　　以下是孩子们自己分享过的有关静心察觉的几个定义：

·仁慈又有爱	·有觉知的呼吸	·不去伤害别人
·专注力	·放松	·踏实
·自然	·做自己	·分享
·照顾别人	·慢下来	·帮助别人
·喜悦	·自由	·真爱
·信任	·慷慨	·保持好奇心

　　当孩子分享说出这些静心察觉的话语时，我油然而生地更加尊重孩子与生俱来的智慧和觉知，这个练习再次提醒了我"信任"在静心察觉教育里的重要性！

"现在"的脸

适合年龄 5 岁以上

教材 | A. 音钵
| B. 毛毡教具
| （请看图示）

方法

① 邀请孩子和你坐在一个安静舒服的空间里。

② 告诉孩子，我们今天要做一个"'现在'的脸"的练习，这是一个有关认识静心察觉的练习。

③ 提醒孩子：静心察觉是对于正在发生的事情保持一种专注和觉知的态度。今天我们要认识"现在"的脸，听到"现在"的脸的名字，我们就知道，她很注重"现在"，她的眼睛看到的只有现在，她的鼻子闻到的只有现在，她的耳朵听到的也只有现在。

④ 轻敲音钵，练习开始。

⑤ 把"现在"的脸还没有放上五官的圆形脸放在毯子上，然后把眼睛、鼻子、嘴巴、耳朵的部分放在脸部的旁边。

⑥ 请孩子猜猜："现在"的脸上的眼睛现在可能看到的是什么？这时请孩子环顾四周，分享当下他们所看到的东西是什么。（例如：黑板、架子上的盆栽、桌椅等。）

⑦ 等孩子回答之后，请他们拿起一只"现在"的脸上的眼睛，然后放到"现在"的脸上。

⑧ 以同样的方式，做另一只眼睛的视觉察觉练习。

⑨ 请问孩子："现在"的脸上的耳朵正在听到什么？请孩子安静下来，仔细听听四周的声音，分享当下所听到的声音是什么。（例如：车子的声音，有人咳嗽的声音，还有旁边的人正在呼吸的声音等。）

⑩ 以此类推，直到各个五官都被放在"现在"的脸上为止。

⑪ 轻敲音钵，练习结束。

分享讨论重点提示

　　每个"现在"都是独一无二的，这个"现在"不会和下一个"现在"是一样的。如果我们带着静心察觉的态度，觉知到当下正在发生的事，你将会看到、听到、闻到、尝到"现在"正在发生的事情，生命时时都在变化，每刻都很不一样喔！另外，还可以和孩子分享，因为每个人都有自己的五官感受，所以即使是在同一个"现在"里，每个人收到的信息都不一样，所以感受也不一样。对孩子说出这个认知，也是这个练习的重点哦！

游戏小叮咛

　　在做这个练习之前，提醒孩子，我们不要调皮地去把"现在"的脸放得很古怪，因为这样会打扰到其他人的练习。如果孩子想要摆出奇怪的脸部表情，那将会是另一种游戏形式，而不在这一次的练习里。

静心察觉小记

　　把五官一一放在"现在"的脸上，本身就是很好玩的游戏，再加上我们想让孩子感受到"现在"这样一个抽象的概念，所以用了"现在"的脸这样的具体形式，把"现在"呈现出来！这个练习兼具游戏性，以及对当下认知察觉的意义，所以孩子们很容易接受！这个练习也让孩子把注意力放在身体当下的五官感受里，所以单做一次练习，就可以做好几个不同身体部位的觉知练习，很适合刚开始接触静心察觉教育的孩子。

　　另外，值得大人省思的是，孩子其实往往比大人更能活在当下！所以我们不用刻意地去"教"孩子如何活在当下。比如说，我们在这个练习里做的，其实只是邀请孩子们把注意力放在某些特定的感官上而已，这样做将会强化孩子们各个感官的专注力，并提高他们对事情的感受能力。记得有一次，当我们在做有关耳朵觉知的感受练习时，有个孩子竟然能听到教室里日光灯里微微发出的电流声！孩子的细腻察觉力是不是很让人折服呢?!

游戏主题：认识静心察觉
练习
4

静心坐七部曲

适合年龄 5 岁以上

教材　A．音钵

B．一张孩子静心坐的图片

方 法

① 邀请孩子和你坐在一个安静舒服的空间里。

② 告诉孩子，我们今天要做一个"静心坐七部曲"的练习，这是一个有关认识静心察觉的练习。

③ 和孩子分享，有一种静坐放松的方式，可以帮助我们更容易保持专注力和静心。它一共有七个步骤，简单易学，而我们将在每一堂静心察觉课里，不断做这样的练习。

④ 轻敲音钵，练习开始。

⑤ 介绍七个步骤：
（1）双腿交叉　　　（2）手放膝盖
（3）背部挺直　　　（4）自然呼吸
（5）保持微笑　　　（6）眼睛轻轻闭起来
（7）感受心中的爱

⑥ 请孩子跟着你每一个步骤慢慢地清楚地做，并同时示范图片。

⑦ 轻敲音钵，练习结束。

静心察觉小记

　　每次在上课之前，我都会念"静心坐七部曲"的口诀，并请孩子跟着口诀做动作，这是帮助孩子复习如何静坐的技巧，也有助于孩子在上课之前把身心安定下来。有这七个口诀配合着相应的动作，孩子们很快地就可以朗朗上口并熟悉静坐的方式。在和小小班的孩子们（两岁到三岁）做这个练习时，我还会和他们玩"小玩偶"的游戏——我会请坐在圆圈里的某个小朋友面对大家坐在我的腿上，我把他当作我的"小玩偶"，而他的身体将如同玩偶一般由我控制动作。在取得孩子让我碰触他身体的同意之后，我会借用孩子的身体，按着顺序做出这七个动作。所有的孩子都很快被这个游戏所吸引，并且觉得这样做很好玩，有时还会竞相举手希望当老师示范的"小玩偶"来做这七个步骤给大家看！

　　上过一阵子的静心察觉课程之后，很多孩子自然地开始在家里练习静坐。比如说，有一位妈妈分享，她的孩子有时会在睡觉前在床上静坐一会儿，妈妈觉得很惊喜，并且也加入了孩子的行列。另外有一个家长有一次清晨起床正准备去厨房做早餐时，居然看到她儿子一个人正在暖炉旁静坐。还有一次，有位妈妈正在车上对自己慢吞吞出门的女儿大发雷霆，却发现坐在后座的女儿那天出奇地安静，并且没有一如往常地顶嘴，于是在红灯时，妈妈趁机转头望了一下女儿，才发现女儿那时正闭起眼睛在静坐……诸如此类的小故事，在我的教学经验里不胜枚举，非常有趣。

当然，孩子们会选择什么时候静坐，我们不得而知，但这也是最神圣美妙的地方。我发现孩子们会自然遵从他们的内在导航，在自己觉得需要的时候，从内在去寻求让自己安定下来的力量，这样的例子从五岁到十岁的都有。有个上过静心课多年的十岁孩子，在一次跆拳道比赛前，她被自己的焦虑和紧张淹没了，于是就在比赛快要开始前，她忽然失踪了，所有的老师和家长都感到很担心。后来，孩子准时出现了，她告诉大家，她找了一个安静的地方去静坐了一会儿，回来的她已经做好要上场的准备了，而当天孩子的表现也非常好。

孩子的内在世界是充满奥秘的，他们凭直觉知道如何去运作他们内在的导航机制，而这需要提起他们对当下的觉知。好消息是，这样的觉知是可以借由日常的练习慢慢深化培养出来的！

游戏小叮咛

有些年幼的孩子，可能对眼睛闭起来之后的黑暗感受有点不习惯，所以如果孩子在静坐时不想把眼睛闭起来，请不必勉强。

这个单元的主题包含了静心察觉教育的基本
精神概念。孩子在进入任何生命教育门槛之前，让
他们对自己有一种概括性的认识和了解是非常重要
的。这就跟我们在准备要盖一所大楼之前，要先盖
好地基是一样的道理。我们不需急着把一个新的教
育理念传授给孩子，而更重要的是去试着了解自己
在生命教育里到底想传达给孩子的是什么，并且在
那些重要的理念里往下扎根。

练习1"四个觉知圆圈"涵盖了人本来的四
个觉知方向，我们借着这四个觉知方面的深化带
给孩子更好的人生。这四个觉知层面全都是由内
而发的生命觉知态度，非常适合大人还有孩子一
起来做练习，这是一种双向练习互赢的生命教育
模式。

练习2"滚珠静走"则是让孩子在自己的身上去经历何谓静心察觉。在生命教育领域，我相信经历远胜于说教，让孩子在经历过程中内化整理出来的体会，要比填鸭式的给予好太多。现今这个时代里的孩子，需要的将不再只是走进书中的黄金屋而已，最重要的是能在自己的生命经历中行万里路，从体会中走出属于自己的人生。

练习3 里那张"现在"的脸，其实就是孩子正在经历当下的那张脸，借由具体好玩的"现在"脸谱，孩子反映着自己正在经历的"五感"。这个练习让孩子经历"现在"的可能面貌，而对"当下"这个概念有更深刻的体会。

练习4"静心坐七部曲"则给孩子提供一个清楚可循的静坐方式，越是多做这样的练习，孩子就越能体会到安住于当下的感受，并加深这种不费力的专注力，将其内化成他们身心安顿的基础。在我还是蒙台梭利老师的任教期间，我班上那些三岁到六岁的孩子进教室的第一件事情就是脱下鞋，然后安静地在"早上的圆圈时间"里静坐。通常我会固定放一段静心的音乐，来帮助孩子们安静下来。孩子们一听到那个音乐，马上就会和他们过去的静坐经验联结，并且能自然而然地安坐下来。孩子们非常喜欢这样一两分钟的早晨仪式，而这也让教室在每一天的开始，充满着平静祥和的氛围。

每个人都有身体，想法，情绪和爱的四个觉知面向，我们学着和它们共舞，一起成长。

1.3 什么是绿色圆圈的身体察觉

带着觉知，爱惜唯一的身体

在身体的静心察觉方面，我们用绿色来代表"身体"的部分，人们一般把绿色和自然联想在一起，而事实上我们的身体也是自然里的一部分，在传统道家的思维里，身而为人的最高境界乃天人合一，如果能顺应了解身体内在的自然，我们就将会和外在的自然和谐共存，这样的觉悟，不仅可以养生延年，还可以在心灵上净化升华。

对于顺应身体的自然，最重要的一个初始点就是对身体保有觉知，因为只有觉知自己的身体，才会知道如何调整自己身体内部的状况并给予适当的对待，而这份觉知来自一种亲密的友善对待。大部分的人常常在无意识间只把身体当作使用的工具，自己和身体的关系就好像是驾驶员和车子的关系一样，很多时候，我们认为只要车子（身体）能使用就继续使用，而倘若车子（身体）故障了，我们就送进修车中心（医院）去维修，然而事实是，车子坏了或许可以再换一台新车上路，可是我们宝贵的身体却只有一个，无法被其他身体所替代。

最基础的照顾必须从觉知开始

只有保持对身体的亲密觉知，我们才知道需要吃什么来维持身体健康、何时需要休息、身体现在正在传出什么信息甚至我们该如何和身体对话等，因为只有从觉知出发，我们才有可能和身体和平共存，创造出一个更健康美好的人生。

除了让觉知来帮助我们维持身体健康之外，身体各个部分都可以是我们用来加深觉知的门户。在这个"什么是绿色圆圈的身体察觉"单元里，我们邀请孩子以觉知和身体进行第一类接触。一开始，我们从呼吸带入，让孩子将想象力融入呼吸，让呼吸练习变得更有趣！接着，我们谈到有关肌肉和关节的察觉，引导孩子认识到身体运作的基本架构，感受自己的肌肉和关节的关系，甚至在游戏里体验借由大脑的觉知，了解大脑可以在肌肉的松紧之间发出适度的控制。最后，我们把故事和瑜伽联结在一起，让孩子通过瑜伽感受肌肉和关节作用时肢体的丰富性，这样他们就会发觉，原来肢体的动作竟然还可以是故事创作的一部分，比如说，身体可以随机在故事中呈现各种动物主角的形态，口述的故事再加上身体的律动，瑜伽让故事变得更加生动有趣了！

游戏主题：认识绿色圆圈的身体察觉

练习

1

花朵呼吸静心

适合年龄 3 岁以上

教材

A. 音钵

B. 莲花的图片

C. 绿色觉知圆圈毛毡

方法

① 邀请孩子和你坐在一个安静舒服的空间里。

② 告诉孩子，我们今天要做一个"花朵呼吸静心"的练习，这是一个有关身体绿色圆圈的练习。（展示绿色的圆圈毛毡）

③ 轻敲音钵，练习开始。

④ 告诉孩子，你将进行一个静心练习，孩子只要听着你的引导，一起跟着做练习即可。

⑤ 展示莲花的图片，和孩子分享：有一种花叫作莲花，莲花很喜欢阳光，所以白天会开花，但是到了晚上，它的花瓣会自然收合起来，就好像在睡觉一样，因此有人叫它"睡莲"。

⑥ 请孩子用"静心坐七部曲"的方式安坐好，并请他们把两只手轻轻握紧分别放在两个膝盖上，做出花朵含苞的样子。

⑦ 请孩子轻轻闭上眼睛，想象太阳正慢慢地在他们面前升起，并温暖地照着他们，感觉自己就像是莲花一样接收着阳光的滋养。

⑧ 告诉孩子，现在他们的十根手指头，就像是莲花的花瓣一

样，吸气的时候，吸进温暖的阳光，让阳光的爱与温暖贯穿全身，而孩子手上的花瓣，正一片片打开来。（示范手指一根根慢慢张开的样子）

⑨ 当孩子正在感受吸气所带来的滋润时，你可以接着说："慢慢地，一天过去了，太阳就要下山了。"

⑩ 请孩子慢慢吐气，轻轻地告诉孩子:"太阳下山了，现在花瓣一片片地合起来了。"（示范手指一根根慢慢合起来的样子）

⑪ 轻敲音钵，练习结束。

分享讨论重点提示

请孩子分享做这个练习的感受，并提醒孩子：当我们觉得温暖的阳光照射到我们全身上的时候，那种感觉和爱的感觉是不是很像呢？还有呼吸的快慢节奏，是不是也会影响身体当下的感受呢？

　　这是一个非常受孩子喜爱的静心察觉呼吸练习，许多孩子似乎都可以借着这个呼吸练习慢慢地让自己安静下来。在上课时，当有孩子反映他们感觉身体疲惫时，我都会建议他们和我一起做一下这个简单的练习，孩子们似乎都能在练习后变得更有能量且更加专注了。

　　对于七岁以上的孩子，可以建议他们想象自己就是太阳本身，在呼吸的一进一出之间也可以同时把自己身上如阳光般的爱照射到某个他想传送到的朋友或家人的身上，并给出爱的祝福。

游戏主题：认识绿色圆圈的身体察觉

练习

2

肌肉和关节的察觉

适合年龄 5 岁以上

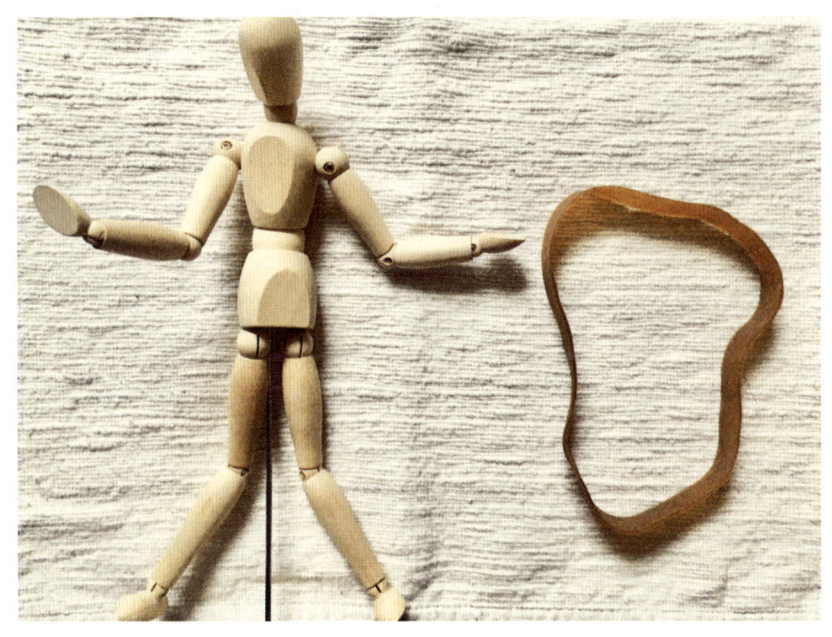

教 材

A. 音钵

B. 人体肌肉组织结构图

C. 粗大的橡皮筋

D. 示范用木头人

E. 绿色觉知圆圈毛毡

73

方 法

① 邀请孩子和你坐在一个安静舒服的空间里。

② 告诉孩子，我们今天要做一个"肌肉和关节的察觉"的练习，这是一个有关身体绿色圆圈的练习。（展示绿色的圆圈毛毡）

③ 轻敲音钵，练习开始。

肌肉的紧绷和放松

　　a. 拿出绿色的圆圈，然后告诉孩子："今天我们要来谈谈身体里一个比较特别的部位，这个部分包住我们的骨头，保护着我们的骨头。"（请孩子猜猜答案，接着告诉孩子答案——肌肉。）

　　b. 拿出人体肌肉组织结构图，告诉孩子这是人体内部肌肉组织的样子，邀请孩子摸一摸自己不同部位的肌肉。

　　c. 拿出橡皮筋，并拉开延展橡皮筋，以此来展示肌肉如同橡皮筋一样，可以伸展。告诉孩子：借着肌肉的伸展收缩，我们才可以做不同的动作，这也包括脸部表情（这时请做出各种不同的面部表情）等。

　　d. 和孩子分享，以上的经验让我们了解肌肉可以紧绷也可以放松。当我们肌肉紧绷的时候，肌肉就像紧紧揪在一团的橡皮筋，因此我们很难去伸展我们的肌肉（展示把橡皮筋搓成一团圆球），让孩子试着拉拉搓成一团的橡皮圈，孩子会发现有其困难度。

e. 当我们肌肉放松的时候，肌肉就像这可以拉开的橡皮筋（展示把橡皮筋拉开到一定的长度），并让孩子试着拉拉橡皮筋。我们可以借由肌肉的伸展做许多动作，例如：瑜伽、体操等。

f. 接着，你将更进一步地示范大脑如何控制肌肉的紧绷和放松。邀请一个小朋友躺在地板上，邀请他紧缩自己全身的肌肉，想象他自己就像石头一般强硬紧绷。接着你试着去移动这个孩子的手或是脚，戏剧性地示范出其困难度。

g. 接着，邀请同一个孩子尽量放松他的肌肉，想象那种放松的感觉，就好像自己是棉花一样，接着你试着去移动孩子的手或是脚，表现出轻松移动的感觉，展示出孩子四肢放松的柔软度。

关节的运用

a. 当我们需要做特定动作时，我们需要骨头，还有骨头间的关节来帮助我们。（展示木头人）

b. 告诉孩子，你将用木头人来做出几个动作，并请他们模仿。

c. 转动木头人的关节，做出几个不同的姿势（例如：跑步定格的姿势，蹲膝举手的姿势等），每个姿势都请孩子准确无误地模仿。

④ 轻敲音钵，练习结束。

分享讨论重点提示

1.以上的练习让我们知道，我们的大脑可以传达信息到我们的肌肉，告知我们的肌肉需要紧绷或是放松。

2.什么样的状况下，我们的身体会紧绷或是放松？想想人在生气的时候，身体是紧绷的还是放松的？当我们很愉快地在休息时，肌肉是紧绷的还是放松的呢？如果我们察觉身体是紧绷的时，可否告知自己的大脑，让自己的肌肉放松下来呢？

3.关节的部分，可以问问孩子，倘若我们的身体没有关节，我们该如何写字呢？我们如何踢足球或是骑脚踏车等？（可以邀请孩子想象在不使用关节的情况下做出以上那些动作，这会增加练习的趣味点。）

静心察觉小记

　　这个部分练习参考自桑妮·麦克法兰的《发现孩子的爱之光》一书，但是我加入了一些孩子的肢体游戏活动，孩子们都很喜欢这种动态的静心察觉练习！有些比较活泼的孩子还会用自己的创意做出许多有趣搞笑的动作，逗得全班孩子都很开心！在孩子早期的身体静心察觉经验里，懂得去察觉身体紧绷还是放松的感觉非常重要，一旦孩子内化这样的身体察觉习惯，他们将会自然而然懂得如何在紧张时，借由觉知让肌肉放松下来。要拥有这样的察觉内化运作模式，需要在平时反复进行练习，一旦熟悉了这样的身体察觉习惯，对身心两方面都有莫大的帮助。

游戏主题：认识绿色圆圈的身体察式

练习

3

故事瑜伽

适合年龄 3 岁以上

教材	A. 音钵
	B. 孩子用的瑜伽垫
	C. 绿色觉知圆圈毛毡

方 法

① 邀请孩子和你坐在一个安静舒服的空间里。

② 告诉孩子，我们今天要做一个"故事瑜伽"的练习，这是一个有关身体绿色圆圈的练习。（展示绿色的圆圈毛毡）

③ 请孩子安坐在自己的瑜伽垫上。

④ 轻敲音钵，练习开始。

⑤ 提醒孩子在前面的练习里，我们提到了有关肌肉还有关节的关系。今天我们就要用我们的肌肉还有关节来做一个好玩的练习。在这个练习里，我们将讲述一个森林的故事，这个故事里会有各种不同的动物出现，而故事的进行会配合各种动物的瑜伽动作来做，邀请孩子跟着你一起做这些瑜伽的动作！

故事瑜伽范例：

在夜晚的森林里，一切都静静的，没有任何声音，只有天上皎洁的明月。

月式（身体盘坐，两手高举呈圆圈满月状）

在森林的远处，偶尔会听到树上猫头鹰的叫声（配合发出呜鸣的声音）。而森林里的一棵大树旁边，有一只威武的狮子，它偶尔发出"Ha!"的声音！

狮子式（蹲着膝盖，四肢着地，手指张开，眼睛睁开，舌头吐出）

在狮子的不远处有一条蛇，它原本躺在草地上，一边睡觉，一边感受肚子呼吸时亲吻大地母亲的感觉，一听到狮子的吼声，它抬起头来，望望左边，望望右边，看看到底发生了什么事。结果什么事都没有，所以它又躺回到地上休息了。

蛇式（身体躺在地上，腹部着地，感受腹部呼吸时和地面接触的感觉，接着两手撑直上半身，吐舌，发出"嘶"声）

就在这时，草丛里又传出怪怪的声音，原来草丛的叶子上停了一只蜗牛，它还没有睡觉，眼睛还睁开着。

蜗牛式（四肢和身体卷成蜗牛的样子，双膝分开，身体匍匐向前，胸口慢慢贴地，两手直直伸出，手势做出蜗牛的触角状）

有一只小兔子，冷不丁从草丛里跳出来，把蜗牛撞到地上去了，蜗牛有点抱怨，但并没有追究。兔子停了下来，安静地轻轻地呼吸着。

兔式（四肢和身体蜷成兔子的样子，双膝分开，身体匍匐向

前，胸口慢慢贴地，双手安放在大腿上，做出短暂而规律的
呼吸状）

月光还是安静地照在湖面上，星光一闪一闪的。
星星呼吸式（身体盘坐，两手高举，手指做出快速开合的动
作，如星星闪耀的动作）

这时在天空中出现了一只老鹰，它在天空中展翅飞翔，它最
爱飞了，它觉得好自由！在天空中老鹰可以看见森林里所有
的动物好朋友，它看见了狮子、蛇、蜗牛，还有兔子。
老鹰式（身体站起来，两手平向张开，呈老鹰状，拍动双
手，如老鹰飞翔的动作）

但在森林的另一边，老鹰看见有一股浓烟冒出来了，原来
是山里的怪兽从一百年的沉睡里醒过来了。怪兽睡醒后吐
了一口起床气，那口火气真大、真臭，一不小心就让森林
着火了。
怪兽喷火式（身体站起来，两腿呈跨马步状，两手平向张
开，张开大嘴，做出喷火的动作）

这时，老鹰看了很着急，它担心好朋友们会被火烧到，所以
决定去救它的朋友们。老鹰飞到湖上，它用翅膀去沾森林里

的湖水，然后飞回天空，努力用翅膀把水抖向森林，连续这样做了好几次，但是都没有用，因为水太少了。

老鹰抖水式（身体微蹲，两手平向张开，弯下身子，做出老鹰取水而后抖水的动作）

这时大嘴鸟飞过来，大嘴鸟问它在做什么，老鹰说："我在救火！"大嘴鸟说："你这点水怎么够呢？让我来帮你吧！"大嘴鸟飞到湖上，用大嘴去盛湖水，然后努力把嘴里的水全部倒向森林，它和老鹰一起来来回回接了好几次水忙着救火。

大嘴鸟式（身体站直，两手做大嘴的样子，一开一合的动作）

这时，天空里出现了一个小天使，从大嘴鸟和老鹰的身边飞过，小天使问："你们在做什么？"老鹰和大嘴鸟对小天使说："我们正在帮森林救火，再不快些，森林就要被烧光了！"天使听了，很替森林里的动物朋友们伤心，因为太伤心了，天使珍珠般的眼泪就掉了下来。

小天使式（身体站直，一只脚直立，并且将同一边的手往前伸，另一只脚往后弯曲，用同一边的手接住，类似瑜伽里的直立拉弓式）

突然，神奇的事情发生了！天使的眼泪竟然变成了一颗颗大雨滴，奇迹出现了，森林里的火全灭了！这下子狮子、蛇、蜗牛、兔子都因此逃过一劫，于是大家高高兴兴地庆祝起来，很快，森林又回到以前快乐平静的日子了！

⑥ 轻敲音钵，练习结束。

分享讨论重点提示

和孩子分享肌肉和关节伸展的感觉，让孩子知道，借着对肌肉和关节的觉知和运用，我们可以做出许多不同的动作，而瑜伽的伸展会帮助我们的身体更健康，也能让心情更放松。

另外，可略加一提地和孩子讨论故事的情节，请问孩子：为什么小天使的眼泪会那么神奇？（因为森林里的动物在受苦，还有老鹰和大嘴鸟想要帮助好朋友的爱心，让小天使很感动，所以小天使流下了慈悲的眼泪，而就是因为这爱与慈悲的力量，解救了森林里所有的动物们！）

静心察觉小记

这是另一个深受孩子喜欢的动态的静心察觉练习，孩子们把自己对身体的觉知放在有趣的故事上做练习，许多孩子也因为这个练习，开始对瑜伽产生了兴趣呢！

这个练习的趣味点是你可以随时用创意来更换"故事瑜伽"的内容，有时还可以让孩子们参与编撰故事内容，并且请他们独创自己的瑜伽动作，所以这个练习伸展的空间相当大，欢迎你和孩子一起来试试。

游戏小叮咛

1. 在做这个练习之前提醒孩子，做任何动作的时候，请在自己的瑜伽垫上做，避免去碰撞到别人而造成危险。

2. 建议讲故事的人，把重点放在故事的流畅性上，而不用过于强调瑜伽的动作正确与否。

84

给大人的
悄悄话

这个单元的主题是身体静心察觉的暖身运动,孩子在这几个练习里,借着轻松活泼的肢体活动方式来和自己的身体做初步的静心察觉联结。

练习1"花朵呼吸静心"是一个非常好的导入呼吸练习,它不只是有关呼吸的练习,还把爱与慈悲的观念结合在呼吸里。孩子能感受到呼吸在一进一出之间,原来可以和爱联结并把爱传送给需要被祝福的人。

练习2"肌肉和关节的察觉"是强调身体肢体的察觉,尤其是引导孩子去感受肌肉紧绷和放松时的差别,体验借着大脑意识的察觉来放松他们的肌肉。平常在家或在教室里,若是我们都能找机会多和孩子做有关身体的紧绷和放松练习,相信这不仅会提高他们对身体的觉知,还会为他们的身心带来莫大的健康！

　　练习3 "故事瑜伽" 是我个人很喜爱的练习之一，因为我自己学习瑜伽多年，深深感受到瑜伽给身心带来的好处，所以在课堂上，我常编排简短的瑜伽小故事来和孩子们一起练习。这类练习尤其适合年纪稍小的孩子（两岁半到四岁），因为孩子们这时身体还在慢慢生长的阶段，无法盘腿久坐是很正常的情形，他们也无法拥有像大孩子那般长时间的专注力，所以有故事性又能带进肢体静心察觉的练习，对他们来说真是再适合不过了！

身体是带我们进入静心最直接的门户。

1.4 什么是蓝色圆圈的想法察觉

看见想法，成为想法的主人

在想法的静心察觉方面，蓝色是其代表颜色，人们一般把蓝色和水联想在一起，而事实上想法在脑海里的呈现方式，也正像流水一样流经我们的大脑。当我们闭起眼睛感受我们的想法时，我们都不难体验想法一个接着一个在脑海里流动的经历，它们就像溪流里连续不断的水滴，水滴接连汇流，于是乎产生了我们所看见的"河流"，而在我们脑海里的许许多多想法也会接连汇流，因而拼凑出许多我们所认定的"事实"或是"故事"之流。

河水川流不息是自然的一部分，而各种不同的想法在大脑里流经也是自然的一部分，但是其中最大的差别是，我们会对想法有好坏、喜恶的评断，而这些想法会带有各种不同的情绪，因此情绪有好有坏，而想法和情绪就是在这样的彼此作用下，影响着我们每天的喜怒哀乐。

我们和想法并非一体

如果我们能有察觉想法的觉知能力，我们将会知道，我们自己是观照想法的人，而不是想法本身。比方说，有时会有想要掠夺或是侵害别人的想法冒出，但这并不表示我们就是一个会去掠夺或是会去伤害别人的人，只要我们看见了自己负面的想法并对其保持觉知，我们将不必成为自己想法的奴隶。只要看到想法就好了，不必给予认同或行动，可以在当下放过它，这样持续的观照练习，会让我们的心慢慢地安静下来，对于事情将会有更清晰的洞见。

许多人或许觉得观照自己的想法只有大人才做得到，甚至觉得那是大人才需要做的练习，但是从我近几年的静心察觉教学经验来看，我发现如果孩子能在早期的生命过程中，被带领有觉知地去"看见"自己和想法之间的关系，那他们和想法之间的关系将变得更加健康。事实也证明，孩子们在课堂里开始更勇于表达自己的想法，因为他们知道自己是想法的观照者，所以能够更清晰地把自己的想法表达出来而不和其过度纠结，甚至在许多时候，也能够更快调整自己的想法，而做出更有觉知性的决定。在对想法认知的反复察觉练习中，孩子体验到，想法只是他自己的一部分而不是全部，换句话说，他是想法的主人而不是奴隶，他对想法有选择的权力，而这是一种自我力量的获取，将能增强孩子的自制力和自信心。

在这个"什么是蓝色圆圈的想法察觉"单元里，我们让孩子们听一个故事并做情境描述的想象，帮助孩子们看见自己的想法在故事中扮演的角色。我们还尝试让孩子借由当下听到的同一个版本的故事，发挥自己的想象力即兴创作。孩子发现，因为听的人不一样，流经过的大脑不一样，呈现出来的画作也就张张不同，这无疑让孩子初次具体地体会到"想法"的运作方式是一种非常主观的运作模式。这两个练习极具启蒙价值也非常有趣，孩子们都很喜爱，并且能够从中得到对想法本质更多的认识！

听故事，说自己

适合年龄6岁以上

教 材
A. 音钵
B. 蓝色觉知圆圈毛毡

方 法

① 邀请孩子和你坐在一个安静舒服的空间里。

② 告诉孩子，我们今天要做一个"听故事，说自己"的练习，这是一个有关想法蓝色圆圈的练习。（展示蓝色的圆圈毛毡）

③ 轻敲音钵，练习开始。

④ 告诉孩子，现在你要说一个小故事，请他想象自己就在那个故事里。（邀请孩子把眼睛闭起来，这样做会帮助他们更好地进入故事的情境。）

故事范例：

这个暑假你和家人有机会去纽约玩，你一直很期待这次旅行。到了纽约之后，路上有许多行人、汽车，纽约真的是一个既繁忙又有趣的大城市。当你正要过马路的时候，忽然看到马路的另一边有一个你以前认识的朋友，你很兴奋地叫出你朋友的名字，并且一直对他招手，但是不管你怎么叫他，他都没有看你一眼，他只顾自己地继续往前走去。

⑤ 轻敲音钵，练习结束。

分享讨论重点提示

1.请问孩子们："当朋友没有回应你的时候，你有什么感觉？"（可能的答案：挫折/ 没关系/ 待会儿一定要追上去/ 下次遇到他时要跟他说，等等）。另外，也请孩子们分享，想想对方没有回应的原因可能是什么。（可能的答案：他没听到/ 他故意不想理我/ 他很害羞等。）

2. 待孩子们都分享之后，提醒孩子们，每个人听到的虽是同一个故事，同一个状况，但是每个人心中的反应或是猜测有时相似有时却很不一样。这个练习告诉我们，即使同一个故事版本，在每个人的心中也都有属于自己的对事情的想法和猜测。因为每个人的想法不同，所以对待事情的反应也会不一样。

静心察觉小记

　　这是一个简单的练习，并不需要任何教具，我的经验是，虽然孩子的回答不一，但都非常有趣！孩子回答的内容往往反映着他们自己的内在世界，还有看待事情的基本态度。多做几次这样的练习，我们除了可以不断提醒孩子"每个人都有自己的想法"这个观念外，还可以帮助身为老师或是父母的我们，更加了解孩子的想法和对事物做出反应的态度喔！

游戏小叮咛

你可以架构一个比较适合你孩子的情境故事，但是故事不宜太长，并且在故事中需设有伏笔，例如：故事中有个主要问题点，启发不同回答的可能性，好让孩子有思考和做出反应的空间。

想法电影院

适合年龄 5 岁以上

教材

A. 音钵

B. 白纸

C. 蜡笔或彩色笔

D. 蓝色觉知圆圈毛毡

方 法

① 邀请孩子和你坐在一个安静舒服的空间里。

② 告诉孩子,我们今天要做一个"想法电影院"的练习,这是一个有关想法蓝色圆圈的练习。(展示蓝色的圆圈毛毡)

③ 轻敲音钵,练习开始。

④ 告诉孩子:"现在要说一个小故事,请想象自己就在那个故事里。"(并请孩子边听故事,边把当下听到的故事画出来。)

故事范例:

有一天,你的爸爸告诉你,你们全家被邀请去坐一次潜水艇。你到了潜水艇之后,被安排住进其中一个房间。这个房间里有一个圆形的大窗户,从窗户往外面看出去,你可以清清楚楚地看到海底世界。这时你看到一条小鱼游过来。这条小鱼很特别,身体圆圆的,还有一条细细的尾巴,最奇妙的是,它的尾巴还会放电喔!它身上的颜色不断变化着,一会儿是红色,一会儿是绿色,就像彩虹一样。过了一会儿,有一只大海龟从小鱼旁边游了过来。这只海龟看起来很友善,它往你这边望过来了,好像在对你微笑招手……就在这时,妈妈刚好进入房间来,她要你早点上床睡觉,于是你就关了灯，进入了甜甜的梦乡。

⑤ 轻敲音钵，练习结束。

分享讨论重点提示

　　故事的内容一样，但是每个人画出来的画都不一样，这是为什么呢？让孩子自己说出答案（因为想法不一样）。

　　就因为每个人心中的想法不一样，所以想法电影院播出来的电影都不一样。有时我们的想法决定了我们心中看出去的世界，因此许多事情没有绝对的对错，也没有绝对的好坏，只是想法不同而已。这个练习可以让我们学会尊重自己的想法也尊重别人不同的想法。

静心察觉小记

　　孩子们非常喜欢这个练习，甚至在练习之后，马上要求可不可以下次上课时再做一次同样的练习。一般来说，孩子们都喜欢画画，所以在练习里加入画画的环节，总是更能引发孩子的兴趣！这个练习诚实地反映出孩子内在的世界，我发现孩子们也会在自己的创作里，加入个人喜好的元素，例如，孩子们会为潜水艇涂上自己喜欢的颜色，或是创作出自己喜欢的潜水艇外观，各有特色。这个练习说明，我们所面对的实相往往会融入我们内心的喜恶，因此不难发现，我们似乎都会用自己合理化或喜欢的方式来看世界。这个练习是不是很有趣且让人有更多深思的空间呢？建议你平常在家，也可以念简单的儿童绘本内容，让孩子用自己的想象力，把心目中的画面给画下来，之后再比照原书的图片。

　　还有一个将来立志要当工程师的孩子，他在自己的潜水艇里装了很多复杂的机关，俨然就像一位潜水艇设计工程师；

有个孩子甚至不画潜水艇，因为他说，他是从自己眼里看到的海底世界，而不是从潜水艇看出去的海底世界，所以当然没有潜水艇！另外，孩子们还各自在画上加上了许多自己想看到的画面，例如天上的星星还有海草等，这也让我联想到，很多时候，我们会在自己的脑海里讲故事，并用合理化的说法来和我们面对的世界相互照应。

　　这个单元无形中让我们看到"想法"的许多方面，但是基本的目的都是希望孩子能了解到想法的基本本质，那就是我们每个人都有自己的想法。在练习中，让孩子体会到每个人想法不尽相同的经验，从而提醒孩子学习去尊重每个人不同的想法而不随意给予批评。

　　练习1"听故事，说自己"，虽然说的只是一个小故事，但是借由孩子对故事第二主角行为的猜测和当下心理的反应不难发现，在日常生活中与人相处时，我们或许都在对别人的行为加入自己主观的判断而不自知。这个练习，是否让身为大人的我们也多了一个反思的空间？想想我们是不是都不小心落入了我们自以为是的故事里而不自知呢？

　　练习2"想法电影院"也很有意思，虽然听了同一个故事，发展出来的"电影"画面情节却都不一样。当孩子们被问及为何所有的画作都有不同呈现的时候，有个小女孩便说："因为每个人诠释事情的方式都不一样啊！"这是多棒的回答啊！这也让身为老师的我仔细地去省思，所谓"事实"，大部分的时候也只不过是我们自己对世界的诠释而已，而非代表绝对的真实。

尊重自己，
也尊重别人的想法。

因为想法不同，
所以每个人看出去的世界也不同。

1.5 什么是红色圆圈的情绪察觉

练习前给大人的
心灵小暖身

越带着开放的态度去接纳我们的情绪，
我们就越能了解自己内在真正的需要！

接纳自己的情绪才能看见自己真正的需求

我们用红色来代表情绪的静心察觉，因为红色带给人直接、坦率还有热情的印象，而这些特质其实和情绪的本质很像。情绪的呈现往往不如想法那般可控制；很多时候我们的情绪说来就来，是那么直接坦率，不像语言可以被刻意包装，因此换个角度来说，情绪要比想法更难控制且抽象。大部分的时候，我们或许可以顺利试着表达自己的想法，但是若要确切地表达我们的感觉或是情绪，则会显得更具挑战性。

情绪往往要比想法来得真实，因为不管那个情绪是愤怒还是兴奋，我们都能感受情绪对我们的作用力，因此情绪像是一个诚实的朋友，它会直接告诉我们此刻心里面真实的感受，我们越愿意带着开放的态度去接纳我们的情绪，就越能了解自己内在真正的需要。接受并了解自己的情绪，可以帮助我们做出适当的调整，平衡自己的身心。

如果说语言是大脑的语言，那么感觉和情绪就是心的语言。如前面所说，感觉不如想法显而易懂，所以我们要能静下心来营造出一个内在的空间，这样才能好好听见自己内心的语言。我们都需要有了解自己感觉的方法，而静坐就是一个很好的开始！建议大家每天可以固定花一些时间来静坐，在一个无太多外界干扰的状况下，倾听感受自己内在微细的心声，和自己做一番真实的交流。

孩子的学习重点在于"如何表达自己的情绪"

在这个"什么是红色圆圈的情绪察觉"单元里，我们不要马上选择静坐的方法来让孩子和自己的感觉与情绪做静态接触，除了因孩子活泼的生命能量无法如大人般久坐之外，孩子的情绪堆积也不如大人的多，所以不需要刻意用静坐来消化过多累积的情绪。相对的，我觉得让孩子完成对于情绪调整的学习，帮助他们学会如何表达出自己内在的感受，在儿童情商的培养上其实更为重要！而这些能力的获取是可以借由设计过的练习来引导的。

　　许多家长告诉我，他们常常问孩子们的感觉或情绪是什么，但是孩子们总是回答不上来，或者干脆回答不知道，然而他们往往惊讶于听到孩子可以在静心课程里，分享许多他们不曾听孩子说出口的想法和情绪。我想最主要的原因，是静心教养课程里有许多游戏化的练习，能帮助孩子架构出一种与情绪沟通的语言模式，而孩子可以借由那些游戏性的练习过程来表达心中的想法。在接下来一系列的感觉认知练习里，我们先让孩子认知情绪是一种可以在身体上反应察觉到的身体的觉知，当身体有某种特定感觉时，我们的身体会先去反应那个感觉，接着和想法联结，所以每当我们有情绪升起时，我们可以先把注意力放回到身体上来，先从身体去感受和接纳那个情绪，这样会有利于我们认知情绪并且借着想法来表达情绪，而不会只是对情绪做出惯性的反弹！

　　大人在表达自己的情绪时，往往都是从"我觉得……"这类的语言模式开始的，但是就如我们将在练习中感受到的，感觉的复杂性和细腻性往往不是我感觉"伤心"或"嫉妒"这类的通识情绪名词可以一语概之的，而这也是孩子在表达情绪时往往会有困难的原因。

我希望孩子对情绪的诠释和表达，能更站在对自己内在诚实感受的立场角度发声，而这只有在孩子觉得自己是安全的，可被信任时才会发生。身为大人的我们必须尊重孩子内在的童稚之情，这也正是我想要发掘出的一种属于孩子情感表达的沟通艺术，因为情感表达的目的不是责备别人或是以自我为中心的发泄，而是一种健康的自我内在情感的彰显。如果我们能顺应孩子的本性，帮助他们从小就能以自然的方式来发展一种对情绪的安全与信任，那么他们一生的情绪自我照顾将会更完整健康。

当感觉来敲门

适合年龄4岁以上

教材

A. 音钵

B. 儿童绘本：《我的感觉》（中国台湾出版），
莉比·瓦尔登

C. 相应的情况卡：（例句）
我听说好朋友的奶奶昨天过世了。
我好多功课都写完了。

妈妈或爸爸亲我一下，说她/他很爱我。

我的朋友跟我说，我不能和他一起玩！

我觉得我永远都学不会游泳。

D. 红色觉知圆圈毛毡

方 法

① 邀请孩子和你坐在一个安静舒服的空间里。

② 告诉孩子，我们今天要做一个"当感觉来敲门"的练习，这是一个有关情绪红色圆圈的练习。（展示红色的圆圈毛毡）

③ 轻敲音钵，练习开始。

④ 拿出儿童绘本《我的感觉》，告诉孩子现在你要读一本有关感觉的书，请他们在听这个故事时，可以同时好好感受一下自己的感觉，每读完一页，都请问孩子一下：在什么情况下，会有类似书上那一页提到的感觉？

⑤ 念完整本书后，请拿出准备好的相应情况卡，接着请孩子抽出其中一张，让孩子自己念出那个句子。如果孩子太小，你可以帮忙念给孩子听。

⑥ 请孩子感觉一下：这个句子对他造成的感受如何？可以请他指出：身体的哪一个部分对这句话特别有反应？（心、腹部、胸部还是其他部分？）

⑦ 以此类推，直到所有的卡片都做完为止。

⑧ 轻敲音钵，练习结束。

分享讨论重点提示

　　每个人的感觉都不一样，感觉没有对错或是一定的答案，每个人都会有感觉，而且每个感觉都只有自己最清楚。在这个练习里，我们能够专注于自己身体对感觉的反应，并把它表达出来，就很好了。

游戏小叮咛

　　1. 在字句卡的内容上，可以从孩子日常生活中的一些情况来取材，如果孩子总是左耳听，右耳出，你也许可以写一张卡片，例如："我想要别人听我说话，但是别人常常忽略我，好像我不存在似的"，让孩子感受一下别人可能会有的感受。

　　2. 提醒孩子，即使是同一张卡片，每个孩子读到卡片所产生的感觉可能也不一样，即使是面对相同情况，每个人也可能会有不同的情绪反应。

静心察觉小记

在这个练习里，我们和孩子略谈感觉是什么。孩子们面对自己的感觉是开放的，他们会很自然地分享自己的感觉，当我们提到在什么情况下，会觉得如阳光般的温暖时，有好几个孩子都说，当他们和爸爸妈妈睡在一起时，觉得特别幸福温暖，年幼的孩子们似乎都很珍惜这种家人互相依偎共处的美好时光。

另外，孩子们也分享了一个大家都彼此认同的感觉，那就是当他们面对自己不擅长的事情，但却又被迫去尽义务时，他们都觉得好像是赤脚踩在冰冷的湖水里，有一种不喜欢、想要跳开的感觉。这两个例子，让我感受到孩子对身体亲密归属感的需求，还有在某些学习上无法胜任的压力及挫折感，虽然孩子无法总是确切地表达出那样的感觉，但是在练习中，他们似乎找到了出口，并且用很健康且富有创意的方式把它们表达了出来！

蝴蝶花园

适合年龄 5 岁以上

A. 音钵

B. 儿童绘本：《猪先生和他的小小好朋友》（中国台湾
出版），文/图：艾力克斯·拉提蒙

C. 花园的图案板

D. 代表各种感觉的不同颜色的纸蝴蝶

E. 红色觉知圆圈毛毡

方 法

① 邀请孩子和你坐在一个安静舒服的空间里。

② 告诉孩子，我们今天要做一个"蝴蝶花园"的练习，这是一
个有关情绪红色圆圈的练习。（展示红色的圆圈毛毡）

③ 轻敲音钵，练习开始。

④ 告诉孩子，在前面的练习里，我们和"感觉"有了第一类的
接触，我们用身体感觉我们的情绪，今天我们要继续谈谈感
觉到底有什么特性。我们会在接下来的练习里，去感受那个
特性是什么。待会儿有体会的小朋友可以分享答案。

⑤ 拿出绘本告诉孩子，这是一本有关友情的书。这本书里有两个好朋友，他们在友谊的关系里经历了许多感觉和情绪，然而在我们日常生活中和朋友的关系里，也常常会有许多感觉和情绪，今天我们要将心比心来感受"小小朋友"的情绪。

⑥ 展示花园的图案板，并把代表各种感觉的不同颜色的纸蝴蝶排好放在旁边。

⑦ 告诉孩子，这个花园就像是我们的"心"，而各种颜色的纸蝴蝶代表各种可能的"感觉/情绪"。

⑧ 开始朗读绘本的内容。读到书里的一个特定状况时，先暂停，指着"小小朋友"的图片，然后问小朋友：请问这时"小小朋友"的情绪可能是什么？（可能的答案：失望，生气，伤心等。）

⑨ 当孩子说出可能的情绪后，请孩子选一只最能代表那个感觉的纸蝴蝶，放在花园中，比如说孩子选了一只蓝色的蝴蝶，请孩子分享：蝴蝶可能的情绪是什么？（可能的答案：受到挫折。）

⑩ 告诉孩子："现在心的花园里，飞进了一只受到挫折的

蓝色蝴蝶。"

⑪ 继续朗读书本里的内容，读到故事中另一个在友情间发生的特定状况时，请暂停，然后问一下小朋友：请问这时"小小朋友"可能的情绪是什么？

⑫ 请另外一个孩子分享一下"小小朋友"可能的情绪，然后请他选一只最能代表那个感觉的纸蝴蝶，放在花园中。（可能的答案：感觉很棒的黄色蝴蝶。）

⑬ 在孩子把蝴蝶放到花园里之前，请把刚刚那只受到挫折的蓝色蝴蝶拿到花园外，再把现在选的蝴蝶放进花园里。

⑭ 告诉孩子："大家看看心的花园里，刚刚受到挫折的蓝色蝴蝶飞走了，现在飞进了一只觉得自己很棒的黄色蝴蝶。"

⑮ 以此类推，直到每个孩子都有机会做过练习为止。

⑯ 轻敲音钵，练习结束。

　　让孩子们分享，做完这个练习之后，他们可能想到的有关感觉/
情绪的特性是什么。提醒孩子，我们心里面升起的情绪其实就像蝴蝶
造访美丽的花园一样，来来去去，没有一种情绪会永远留在心里，这
就是情绪的特性之一。

游戏小叮咛

　　1.请注意，每次在花园里只放一
只蝴蝶，以此来强调情绪容易改变的
属性。

　　2.这次做完"小小朋友"可能的
感觉/情绪练习后，下次可以用同样的
教具做"猪先生"可能的感觉/情绪练
习，让孩子体会同一个事件里，因立
场还有角色扮演的不同，可能造成的
感觉/情绪也将会有所不同。

　　孩子们很聪明，他们很快就心领神会这个练习主要是传达情绪来来去去容易改变的特质。相信借由故事以及"蝴蝶花园"的教具，孩子们能从练习里得到逻辑性的理解。有一次在课堂上做这个练习时，小男孩杰恩哭哭啼啼地走进来，但是那时他不愿意分享到底发生了什么事，课程进行后不久，他便很快地又开心起来，并能专心地和大家做起静心察觉练习来。在做这个练习时，我顺势提醒他也同时提醒当时在场的小朋友说："刚刚杰恩进教室的时候，他心里面的花园飞进了伤心的蝴蝶，但是他现在很开心，我想他此刻心里面的花园应该是飞进了开心的蝴蝶！"杰恩看着我笑笑地点点头。这个例子再次提醒孩子们，情绪是来来去去的，就像杰恩的心情一样！

综观来说，练习1"当感觉来敲门"，让孩子用自己亲身的经验去想象如果某些事情发生时，每个人内在可能的感觉会是什么，我们不急着让孩子把自己的感觉套入一些惯有的情绪名词，诸如生气、伤心或是嫉妒等，相反的，我们鼓励孩子先用身体去感受"感觉"，并且不带批判态度地去接受自己的"感觉"，这是正式在提到"情绪"之前，非常重要的暖身练习！

练习2"蝴蝶花园"的目的是想让孩子了解，他们的内心其实就像是自然美丽的花园一样，会飞进各种不同感受的蝴蝶，每只美丽的蝴蝶都有着各自的情绪，它们虽然不一样，但是都有着同样的美丽，这无形中告诉孩子一个隐喻的信息："感觉就是感觉"，我们不需要把感觉贴上对或是错的标签，我们可以轻松地让情绪来来去去，不用去试着压抑它们或是批判它们，只要带着友善还有觉知去对待自己真实的情绪就好了。这是帮助孩子认识自己情绪非常重要的一个环节。

孩子在慢慢成长，到学校去念书，开始接受群体生活，并认识许多朋友，自然地开始在社交生活里产生各种互动模式，并且产生各种不同的情绪，这个练习帮助孩子不以第一人称的直接立场去经历一段友情，而去感受每个人都可能经历的情绪/感觉，从而产生对别人的同理心。

这个单元的主题是情绪静心察觉的暖身运动，基本目标是希望孩子能体验感觉/情绪在身体里流动的感觉，进而提高孩子对情绪的觉知能力，并对周遭的人产生更真实的同理心！

我们内在各种不同的情绪，
就如同花园里不同颜色的蝴蝶，
我们欣赏它们，但是
我们不是它们。

1.6 什么是黄色圆圈的爱与慈悲察觉

最好的教育就是爱与智慧兼具的教育

黄色带给我们温暖阳光的印象，而爱与慈悲的本质正如同阳光一般，无私地给予并温暖地散发出光芒。用黄色圆圈来代表爱与慈悲的静心察觉似乎再恰当不过了。

爱与慈悲是我们每个人心中与生俱来的本质，我们不需要刻意去向外寻求，相反地，我们可以往内在去探索这种心的本质，并让其能够更加无碍地自然流露。在爱与慈悲的静心察觉教养练习里，我们不需要刻意教导孩子爱与慈悲，因为这是每个人心中与生俱来的本质，我们可以做的是让自己更有意识地去挖掘：如何才能引导出孩子内在更多的爱与慈悲？而不是因为大人无意识的行为或是错误的认知，反而让孩子本有的爱与慈悲的光芒变得混浊暗淡了。

最好的教育就是爱与智慧兼并的教育，一个没有兼具爱与智慧特质的大人，很难培育出一个真正能够去爱自己，并对别人慈悲的孩子。相反的，虽没有高等教育背景却具有美德涵养的父母，自身凡事对人以慈爱相对，事事谦和圆融，他们培养出来的孩子也将是一流的，在我的工作领域就常常看到这样的例子。

让孩子经历爱、认识爱

在静心察觉的课程里，孩子们喜欢所有以爱与慈悲为主题的练习，因为这是"最不费力"的学习，爱的自然呈现就是分享，而分享不关乎谁给、谁受，分享只是纯粹地给予，甚至没有付出的概念，也因此是"最不费力"的，从孩子身上我常常享受着这种"不费力"的爱。

在这个"什么是黄色圆圈的爱与慈悲察觉"单元里，我们只是很单纯地让孩子来经历爱，而不给他们任何爱的既定观念的限制！

在这个单元的一开始，我们不和孩子们说什么是爱，反而是听他们说说爱是什么。在孩子童稚的初心里，爱是和平、静心、爱护大自然，能够真心说对不起、拥抱、彼此相爱等，我听着他们的分享不禁笑了，也许最深刻的道理往往是最简单的，不是吗？只是我们常常忘记了自己对爱的初心。

爱有不同的形式，有一种是更深更广的大爱，而感恩就是联结大爱的开始，我们也希望孩子把自己所认知的爱扩展到对地球母亲的感恩，而这种大爱就是慈悲的呈现之一。地球生生不息的五个元素（风、水、土、火、木），彼此互相效力，孕育出万物，也因此地球母亲供给我们生活中衣食住行的需要。在练习里孩子们体会到，如果没有和谐的地球生态，就没有和平的世界与我们共生共存，所以孩子们要学习对地球母亲持有感恩之情。相信孩子们以纯净之心所送出的感恩，将会为世界带来更多的祥和之气。

游戏主题：认识黄色圆圈的爱与慈悲察觉

练习

1

爱的拼图

适合年龄3岁以上

教材	A. 音钵
	B. 一个关于爱的故事或短片
	C. 一张剪裁成"爱心"形状的红色大纸
	D. 各种颜色的便利贴
	E. 绘画材料
	F. 黄色觉知圆圈毛毡

120

方法

① 邀请孩子和你坐在一个安静舒服的空间里。

② 告诉孩子，我们今天要做一个"爱的拼图"的练习，这是一个有关爱与慈悲黄色圆圈的练习。（展示黄色的圆圈毛毡）

③ 轻敲音钵，练习开始。

④ 分享一个有关爱的小故事或是一段以爱为主题的短片（片长以十分钟左右为佳）。

⑤ 故事或是影片结束之后，让孩子分享：他们所认为的爱是什么？什么时候会有爱的感觉呢？

⑥ 拿出剪裁成"爱心"形状的红色大纸，然后告诉孩子，今天我们要把这个"爱心"填满，写下或画出我们对爱的感受。

⑦ 拿出各色的便利贴，让孩子自由发挥，把关于爱的一切，一一用文字或是图片表达出来，直到"爱心"被填满为止。

⑧ 轻敲音钵，练习结束。

分享讨论重点提示

让每个小朋友分享自己对爱的定义、感觉、经历，并且聆听别人的分享。

游戏小叮咛

视频网站上一般有许多感人又能发人深省的短片。泰国的公益广告片就是很好的选择。我在课堂上用的是泰国公益广告中一个有关盲人老师的真实故事。

静心察觉小记

    这真是一个充满爱又轻松的练习。看着孩子们单纯地，没有压力地"谈情说爱"，真是一种享受！每个孩子在提到有关于爱的分享时，眼睛里都闪耀着光辉，爱的能量似乎充满了他们的身体。刚开始做这个练习时，孩子的分享可能还有点卡顿，他们一时无法确切地表达自己对爱的看法，但是随着越来越多人分享，孩子对爱的敏锐度、觉知就一下被激发出来，一张接着一张地在便利贴上写下或画出有关爱的一切，最后，他们的爱远远超过"爱心"的界线。爱真是没有界线的！

爱的五色旗

适合年龄 5 岁以上

教材	A. 音钵
	B. 白、黄、红、绿、蓝五种颜色的方形纸
	C. 串联五色旗的细麻绳
	D. 黏胶/ 打洞器
	E. 绘画材料
	F. 黄色觉知圆圈毛毡

方法

① 邀请孩子和你坐在一个安静舒服的空间里。

② 告诉孩子，我们今天要做一个"爱的五色旗"的练习，这是一个有关爱与慈悲黄色圆圈的练习。（展示黄色的圆圈毛毡）

③ 轻敲音钵，练习开始。

④ 告诉孩子，在西藏自治区有一个很美好的风俗，当地的人们会把他们有关爱的祈祷和祝福写在五色旗上，并把它们挂在风中，每当风吹动五色旗时，就好像把祈祷和祝福随风散去，传达到世界的每个角落里。

⑤ 拿出五种颜色的方形纸，并告诉孩子，我们可以在不同颜色的纸上写下我们的祝福或是祈祷，这五个颜色代表着地球生态里的五个重要的元素。

蓝色：
代表海洋，我们可以祈祷减少海洋污染，或是祝福海洋动物都健康等。

绿色：
代表森林，我们可以祈祷减少树木的滥伐，或是祝福森林动物都快乐等。

黄色：
代表大地，我们可以祈祷没有地震，或是祝福大地上的所有人和动植物都幸福祥和等。

红色：
代表太阳，我们可以感恩太阳每天带给我们的能量，或是祝福在太阳下的万事万物都能得到太阳温暖的滋养，也可以期许自己能像太阳一般，用爱无私地去温暖别人等。

白色：
代表天空/ 空气，我们可以感恩空气，因为空气让我们每天都可以呼吸，维持我们的生命机能，也可以祈祷世界再也没有废气污染，每个人都可以天天呼吸到新鲜的空气。

⑥ 发给每个孩子五种颜色的方形纸，并请他们开始在各种颜色的纸上画下每个上述所提到的元素，鼓励孩子写下对这个元素感恩的话语。

⑦ 帮助孩子用细麻绳把五色旗串联好。

⑧ 轻敲音钵，练习结束。

分享讨论重点提示

　　请孩子们分享自己五色旗上的内容，并对他们所分享的一切表示感恩，同时对地球母亲送出孩子所说的祝福。

游戏小叮咛

　　除了方形纸外，建议也可用平面素色布料，这样可以维持更久，吊挂在户外时更不怕风吹雨淋。

　　五色旗的颜色鲜艳，挂起来很漂亮，有些家长甚至把它挂在圣诞树上，当作佳节的祝福。在练习里，孩子们都很享受送出祝福所带来的心里平和的感觉，孩子们的分享都非常棒且具有爱心，比如说，有些孩子希望大地上不再有战争，或是人们可以停止向土地倾倒垃圾等。五色旗帮助孩子们感受到自己能够对世界万物发出真挚的祝福，这是一种体验自己和大爱联结的开始。

练习1"爱的拼图"练习，让孩子用自由发散
的思维方式来分享爱是什么。我们不把爱套入任何
公式，纯粹只是分享，看着孩子最终拼凑出一个大
大的"爱心"，很受感动。我喜欢反复阅读他们童
稚的话语和图腾，我想这就是爱的力量吧！当我们
不刻意去做什么，只是单纯自然地去分享，爱就能
汇流出一种打动人心的互动力量。不需要刻意去营
造，因为爱本身就是一种流动的强大能量。

练习2"爱的五色旗"让孩子了解到爱的另一个
更深的层面，那就是感恩。感恩是对一切人还有自
然万物的一种最真挚的感谢，换句话说，它是一种
大爱的呈现。孩子在这个练习里，能够感受到地球
和大自然对他们的照顾，小小心灵感受到爱不仅需

要对家人、朋友，还可以是对陌生人，甚至是对以土、水、火、风、
木为代表的相互作用而生的地球万物！

当爱发生时，它就像一阵轻风吹来，
我们只需全然地经历，并且希望
它能吹向所有需要它的人。

身体五感的静心察觉

大多数的现代人很清楚如何使用手机或是电脑，只要不断反复使用，很快就能熟能生巧。然而，虽然我们对这类硬件使用守则了如指掌，却往往对自己的身体使用守则非常陌生。日新月异的智能手机或许可以不断更新换代，而我们独一无二的身体却会跟着我们一辈子，所以，如何帮孩子去投资这伴随他一生的资产，让他了解自己的身体使用守则，就显得非常符合逻辑且势在必行。

学习使用并善待跟着我们一辈子的身体

本章所要说的身体使用守则不是一般养生，或是帮助孩子身体更健康的保健指南，身体静心察觉教养要表达的是：善用身体各个不同的感官，借由它们来加深孩子的觉知能力。换句话说，我们将邀请孩子察觉自己的身体，学会如何倾听自己的身体，最终体会如何用爱与慈悲的角度来看待自己的身体。

开始介绍静心察觉教育给孩子时，我一般会先从身体的静心察觉谈起（也就是前面所提到的绿色静心察觉圆圈）。身体是孩子可以看到、摸到的实体，所以要比其他三个觉知圆圈更加具象，因此更容易让孩子用来感受和学习。身体的眼睛、鼻子、耳朵、嘴巴、手，甚至是全身肢体的运作，都是孩子学习静心察觉的好帮手。这些练习不但有趣而且都有实体教材辅助，更容易让孩子印象深刻，并对生命里第一次接触到的"静心察觉教育"产生好感和兴趣。

倘若孩子能在早期和他们的身体发展出友善健康的觉知关系，在未来的生命历程里，孩子将不断加深内化这些早期架构出来的身心共处能力，而一旦这样的能力被养成，生命中接踵而来的境遇将都化作让孩子进行自我调节的内在察觉机会，让孩子学会以外在身体的静心察觉能力唤醒内在觉知的力量。我深信，只有这样，孩子才有可能发展出充满爱与人文关怀的独特本性。

　　国际上许多战争和种族问题，大多源于许多人在自己的生命中没有真正地和自己深度联结，因而在成长的岁月里渐渐萎缩成一种虚妄自私的心态，再经由负面的生命态度扩及别人，产生了世界上的许多疏离和排斥。希望静心察觉教育是一个好的开始，而基本的身体察觉则是我们前行的第一步，期许将来大家都能够觉知自己并且能够推己及人，充满同理心与慈悲关怀。

2.1 视觉的静心察觉

练习前给大人的
心灵小暖身

先从专注力的培养开始，接着加深至察觉力的层次，
然后让孩子用眼睛的判断力面对事实，
进而对外在世界做出更平等客观的回应。

眼睛是"心灵之窗"，因为它为我们提供外在信息，直接或间接地主导着我们内在心理运作的模式。观察一个人的眼神，我们多少可以窥探出一个人的内在状态，而不单只看到他外在所呈现的行为。换句话说，眼睛除了时时接收外在世界的信息并对我们的内在产生一定的影响之外，它也会反映出我们的内在世界。

眼睛无疑是我们感官里一个很重要的器官，但是我们对眼睛的认识却大多止于它只是用来帮助我们看东西的器官而已，如果真是这

样，那么为什么我们还需要和孩子做眼睛的静心察觉呢？而视觉察觉的练习，又到底对孩子有什么实质性的帮助呢？

随着网络世界的快速发展，越来越多的孩子在很小的时候就开始戴上近视眼镜，更令人忧心的是，现今的孩子们在无意识中接收过度的网络视觉轰炸，内在意识因为屏幕上零碎跳动的信息而变得碎片化，而这明显地造成他们心理上某种程度的不安和焦虑。套用中国的一句谚语"被牵着鼻子走"，我们的时代无疑是一个"被眼睛牵着走"的时代！为了帮助孩子培养出正确观念，以面对现今网络世界偏颇的失控局面，培养孩子对眼睛的静心察觉力也就显得刻不容缓且非常重要了。

接下来的这个章节里，我们将视觉的静心察觉练习分为三个部分，先从专注力的培养开始，接着加深至察觉力的层次，然后让孩子练习用眼睛的判断力面对事实，进而对外在世界做出更平等客观的回应。

听起来是不是有点高深和严肃呢？但事实上，这些练习都非常有趣好玩，孩子们也很喜欢。在练习过程里，孩子会发现原来自己和眼睛可以玩这么多游戏，而且他们可以随时随地做这些练习。不知不觉中，孩子会发现自己所处的环境，透过眼睛开始有了不同的视野风景，并且注意到以前在生活中容易被忽略掉的小小惊奇和喜悦，开始用自己童稚的眼睛来和世界相视而笑。换句话说，他们的"心灵之窗"被打开了，而且还懂得时时拿着"觉知"的布片去清洁它，让它更加明亮！

由衷地希望将来的孩子，眼睛呈现的不会是因上网过度而产生的疲惫和灰暗，而是借由对"心灵之窗"的觉醒，闪烁出属于他们内在真正的自信与光芒！

游戏主题1：眼睛的专注力练习

练习

1

静心蜡烛

适合年龄5岁以上

教材
: A. 音钵
: B. 安全玻璃烛台
: C. 小蜡烛
: D. 打火机
: E. 一段静心的音乐

方法

① 邀请孩子和你坐在一个安静舒服的空间里。

② 告诉孩子，我们今天要做一个"静心蜡烛"的练习，这是一个有关眼睛专注力的练习。

③ 拿出小蜡烛和玻璃烛台，事先告诉孩子，这些蜡烛不会伤害到他们或是引起火灾，请不要担心或慌张。

④ 请小朋友们坐好，把小烛台和蜡烛依序放在已经安坐好的小朋友面前。请先不要点燃蜡烛，提醒孩子们这是一个需要专注的练习。

⑤ 轻敲音钵，练习开始。

⑥ 如果环境允许，可把室内灯光调暗一些，告诉孩子，你将点燃"静心蜡烛"。一旦"静心蜡烛"被点燃之后，我们都将保持静默，让自己安静下来，不说话。我们将静心地注视着自己眼前的烛火。

⑦ 环视四周的孩子，告知你将为已经坐好的小朋友点上蜡烛。

⑧ 告诉孩子，在这个练习里，除了安静地注视着烛火之外，也请注意观察烛芯颜色的变化、烛火摇摆的方式，闻闻烛火的味道，还有感受一下烛火带来的环境温度的转变等。

⑨ 播放一段轻柔的音乐。

⑩ 依孩子的年龄和可以保持专注的程度来决定练习时间的长短，一般一到三分钟。

⑪ 在吹熄烛火前，建议孩子先闭上眼睛片刻，感受烛火烙刻在脑海里的印象。

⑫ 轻敲音钵，练习结束。

分享讨论重点提示

　　邀请孩子分享他们所观察到的烛火细节，提醒孩子，当我们静心地观看烛火时，我们可以感受到许多平常不容易感受到的细节，而这就是静心察觉带给我们的礼物和它有趣的地方。

静心察觉小记

　　"静心蜡烛"练习能够帮助平衡孩子身体的神经系统，间接地帮助孩子入眠，非常适合和孩子一起在睡前做。在每次练习之后，你也可以鼓励孩子在吹熄蜡烛之前，送祝福给自己或是其他人，这是在一天结尾之前，一种可以用来练习爱与慈悲的简短仪式，相信可以帮助孩子带着温暖的善意入眠。

　　在我以前任教的蒙台梭利班上，有一个比较好动、难以安静下来的孩子布莱德，老师们试过许多方法来帮助他安静下来，但都不得其法，唯有"静心蜡烛"的练习对他最管用。当布莱德开始显得躁动不安甚至去打扰其他同学的时候，老师就会点上"布莱德的静心蜡烛"，为他戴上软软的、舒服的CD耳机，播放他喜欢的音乐，好动的布莱德总是很快地被烛火吸引，无形中身体就慢下来了。好几次，他一个人乖乖地坐在蜡烛前好几分钟之久，静静观赏着烛芯的火舞，听着配乐……一个孩子在那个不被打扰的世界里，借着视觉的专注转换了自己的激烈情绪，慢慢地体会到身心安定下来的感觉，而这就是一种内在自律平和的培养。如果你有兴趣，欢迎你也在家为自己的孩子准备专属于他的"静心蜡烛"和一段练习时一起聆听的静心冥想音乐。

游戏小叮咛

1. 在选择安全烛台时，请注意烛台必须高于小蜡烛，这样孩子和蜡烛之间不会有直接的接触。并且请选择透明的烛台，这样可以方便孩子仔细观察烛火。

2. 请强调静心来做这个练习的必要性，并确定身体和烛火保持一定的安全距离。如果有孩子因为调皮而做出有可能危害自己和别人安全的行为，老师要立刻将烛火吹熄，中止练习。

在汽水里跳舞

适合年龄 2 岁以上

教材 | A. 音钵

B. 气泡水/汽水

C. 宽口玻璃瓶

D. 豆类、小葡萄干、米类等材料

E. 简单的记录表格/笔

方法

① 邀请孩子和你坐在一个安静舒服的空间里。

② 告诉孩子，今天我们要做一个"在汽水里跳舞"的练习，这是一个有关眼睛专注力的练习。

③ 轻敲音钵，练习开始。

④ 将汽水慢慢倒进宽口玻璃瓶中，倒至八分满。

⑤ 发给每个孩子一张记录表格。

⑥ 告诉孩子，今天这些豆豆还有葡萄干们将在玻璃瓶的汽水里开一个舞会。

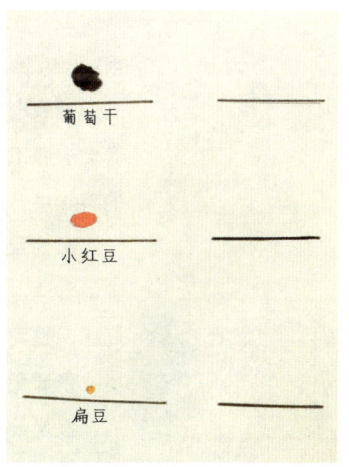

⑦ 让每个孩子都有机会邀请其中一种食材出来跳舞，请他把食材放进正在起泡泡的汽水玻璃瓶里。

⑧ 请孩子用眼睛观察不同食材在汽水里沉沉浮浮、跳舞的样子。

⑨ 每次看到突然跳到汽水表面的豆子或葡萄干时，请孩子在自己的记录表格上画下一条线或做下其他记号。

⑩ 轻敲音钵，练习结束。和孩子讨论并分享练习的心得。

游戏小叮咛

1. 建议你可以尝试不同的食材，但以非水溶性的食材为佳。

2. 年纪尚小还不会握笔的孩子，只用眼睛观察即可，不需要做记录。

3. 有时可在暗室里，配合手电筒照着玻璃瓶来做这个练习，可增加视觉上的趣味点。

4. 如果大一点的孩子询问为何这些食材会浮浮沉沉时，你可以告诉孩子，此练习是利用"科学浮力"的原理，豆类或是葡萄干因为比水重所以会沉入水底，但是一旦食材和汽水中的"二氧化碳气泡"结合，就会增加浮力而浮起，当食材接近水面时又会因为"二氧化碳气泡"破裂而往下沉，因此可以看到食材浮沉的有趣画面。

静心察觉小记 ▸

　　"在汽水里跳舞"的练习，很适合在厨房里和孩子一起做，当父母忙着做饭而无法全心看顾孩子的时候，可以在厨房里放上一套小桌椅，让孩子坐在自己身边做这个练习。厨房里有许多食材可供使用，请孩子把自己当作小小的科学家来做这个练习，相信也可以增加父母和孩子之间对话的趣味！

眼睛的记忆指数

适合年龄 5 岁以上

教材

A. 音钵

B. 一个有图案的物品

C. 一分钟的沙漏器

D. 一组有关物品的问题纸卡

方 法

① 邀请孩子和你坐在一个安静舒服的空间里。

② 告诉孩子，我们今天要做一个"眼睛的记忆指数"的练习，这是一个有关眼睛专注力的练习。拿出有图案的物品，放在孩子们都方便看到的位置。

③ 请孩子坐好，告诉孩子，请他在沙漏器倒过来的一定时间内，尽量记住图案里所有的细节（颜色、线条、形状、数字等）。

④ 轻敲音钵，练习开始。请给孩子一分钟的时间来记忆图片中的细节（时间可依照图案的复杂性来决定，但要预先告知孩子你所限定的时间）。

⑤ 轻敲音钵，把图片收起来，练习结束。

⑥ 拿出一组问题纸卡，一次抽出一张，每张纸卡上写有一个问题（问题会因图案的内容而有所不同，比如"小男孩的动作和表情是什么样子？""小男孩身后有几棵树？"等）。

⑦ 每当孩子答对一题，你可把问题纸卡递给孩子，当作他的得分卡，以此来增加练习的趣味点。

　　当我们专心地用眼睛来看某个需要注意的事物时，会让我们避免平常因粗心而漏掉的细节。我们可以把这样的专注力技巧用在考试或是任何我们想学习的新事物上。

游戏小叮咛

　　除非你有大张且清晰的图片，否则这是个适合在比较小的团体里做的练习。

静心察觉小记

在生活里做"眼睛的记忆指数"练习有很多好处，一方面它能帮助孩子增强记忆力，二来也可以增加生活的乐趣。比如说，在我的课程里有一个八岁的小男孩杰森，有一次和妈妈去爬山，他忽然临时起意，邀请妈妈和他在山里禁语慢走五分钟，他还建议妈妈要用眼睛来记忆这段时间里在山里所看到的一切景物，等五分钟过后再一起分享他们各自眼睛所记录的详细景象。

杰森妈妈很惊讶，一向好动的儿子会提出这个邀请，事后还来问我，这是不是在课堂上和他做过的练习。我笑笑地说："这完全是杰森从'眼睛的记忆指数'里延伸出来的属于他自己的主意喔！"

　　"静心蜡烛"是一个类似于蒙台梭利教育里的
"静默游戏"（Silence Game）练习，在教室里做
这个练习时，一旦老师点亮蜡烛，所有学生都必须
安静。"静默游戏"的目的是给孩子介绍一个看不
到却时时存在的现象——静默。如何让孩子以自己
的经历感受静默，是现今世界教育的挑战之一。我
觉得，越是简单的东西越难教，因为它只能被"经
历"，而不能被"给予"。

　　"静心蜡烛"的方式其实也被用于印度瑜伽的
身心修炼里，当眼睛不刻意费力地专注于烛火时，
眼部的肌肉可以放松下来，眼睛能够恢复明亮有
神。另外，当我在课堂上带领做这些练习时，也会
利用机会来加强孩子们"外在影像内在化"的能力，
比如说：让孩子闭上眼睛观想烛火在心里的火焰影
像，其实就像在"眼睛的记忆指数"里让孩子用视

觉把图像储存起来一样，目的是以内化的影像协助孩子熟悉自己刚刚经历的平和静默体验。

在教学的课程里，我发现某些大人学员们对于内在的静默经验有着不知所以然、无聊，甚至是抗拒的心理，这样的状况说明了许多成人往往不太习惯内在心理"空白"或是"空档"的时刻，于是在这样的情况下，很自然地想要去抓取一些外在的经验来填补内心空白的感觉，惯性地利用外在的纷扰来干预内在可能会有的平静感受，着实非常可惜！如果孩子在幼年时期能够在静心察觉的练习里多感受自己外在和内在相互辉映的平和时刻，相信这将会避免他们成年后不知如何去面对自己内心那类似空白却平和的境遇，而误以为那只是无聊或是脑海一片空白的情况而已。

以上的这些练习虽然都是为了加强孩子的专注力而设计，但是不知不觉中，它们也能帮助孩子来察觉自己与外界的人和事物的联结，当我们能在生活里注入更多觉知时，就会发现，就像杰森用眼睛在山里所感受的世界一样，处处都可能是静心察觉的练习机会和享受身心平静的机会。

眼睛的捉迷藏

教材　　A. 音钵

B. 有关眼睛捉迷藏的图片

（请参考本图片或使用其他合适图片）

152

方法

① 邀请孩子和你坐在一个安静舒服的空间里。

② 告诉孩子，我们今天要做一个"眼睛的捉迷藏"的练习，这是一个有关眼睛察觉力的练习。这个练习需要我们用静心察觉的眼睛去找出隐藏在图片里的物体。

③ 请孩子安静坐好，用两手将掌心搓热，然后覆盖在眼上，以此帮助眼睛放松，并强调"眼睛"将是我们练习时需要的重点感官。

④ 提醒孩子，在此练习中，一共有几个答案需要被找出，一旦找到了那几个答案，就将答案记在心里，这和"眼睛的记忆指数"练习的重点相同。

⑤ 展示眼睛捉迷藏的图片，强调在图片里需要被找到的几个物体，此时你也可以定下一个特定的回答时间，来增强孩子的专注力，增加游戏的刺激性和乐趣。

⑥ 轻敲音钵，练习开始。

⑦ 请知道答案的孩子，安静地举手并等待老师叫他的名字。

⑧ 轻敲音钵，练习结束。

153

眼睛的福尔摩斯

适合年龄5岁以上

教材	A. 音钵
	B. 两张看似一模一样的图片，其中却有许多不同点。（请参考本图片或使用其他合适图片）

方 法

① 邀请孩子和你坐在一个安静舒服的空间里。

② 告诉孩子，我们今天要做一个"眼睛的福尔摩斯"的练习，这是一个有关眼睛察觉力的练习。简单介绍福尔摩斯这个人物，并告诉孩子这位大侦探最厉害的地方就是他眼睛的观察力，这个练习是要我们像福尔摩斯一样，用具有察觉力的眼睛去找出隐藏在两张图片里的不同的地方。

③ 请孩子安静坐好，用两手将掌心搓热，然后覆盖在眼上，借此帮助眼睛放松，并强调"眼睛"将是我们练习时需要的重点感官。

④ 提醒孩子，在此练习中，一共有几个答案需要被找出，一旦找到了那几个答案，请先用之前"眼睛的记忆指数"的练习方法，把知道的答案记在心里，并等待练习结束的音钵声响起，然后安静地举手。

⑤ 展示准备好的图片，告诉孩子，在这张图片里，一共有几个不同处需要被找到（告诉孩子一个确切的数字），此时你可以定下一个特定的完成时间，这样做可以增强孩子的专注力，并增加游戏的刺激性和乐趣。

⑥ 轻敲音钵，练习开始。练习时间约一分钟或视孩子的情况而定。

⑦ 轻敲音钵，练习结束。

⑧ 环视四周，点名安静举手的孩子，请他们轮流回答。

分享讨论重点提示

告诉孩子，当我们用具有察觉力的眼睛来观察事情时，我们的眼睛就变得像神探福尔摩斯一样，能看到许多平常人不会发现的蛛丝马迹，而这样的察觉力可以在日常生活中帮助我们注意许多重要但往往容易被我们忽略的细节。

游戏小叮咛

有时孩子们会过于兴奋，一下子把许多答案说出来。提醒孩子，每次只回答一个答案，并把机会留给其他也在做练习的小朋友们。

<table>
<tr><td>**教 材**</td><td>A．音钵
B．几张备有随机颜色的卡片</td></tr>
</table>

方 法

① 邀请孩子和你坐在一个安静舒服的空间里。

② 告诉孩子，我们今天要做一个"把颜色揪出来"的练习，这是一个有关眼睛察觉力的练习。

③ 在前面的两个练习里，我们都是在图片里找东西，但是这一次，要从自己的四周环境中去找出我们希望找出的东西。

④ 拿出几张备有随机颜色的卡片，并请每个孩子自行取出一张。

⑤ 提醒孩子，待会儿敲下音钵之后，你会用定时器（手机）开始计时，每个人会有三分钟时间在房间里找出和他手上卡片相应颜色的物体，找到的物体越多越好。在找的过程里，请孩子保持静默，只用眼睛看和用手去找物体即可，拿到物品后，请放到自己的座位上。

⑥ 轻敲音钵，练习开始。

⑦ 时间一到，轻敲音钵，练习结束。请孩子暂停，回到自己的位子上，然后和孩子一起盘点他们各自拿到的物品，每个物品可当一个得分点，用来增加练习的趣味性。

⑧ 接下来，再邀请孩子们把自己刚刚拿到的物品一一放回原处，这时你也会计时，等到孩子们把全部的物体都归位之后，才会停止计时，到时可以计算一下大家一共花了多少时间才把所有东西放回原处。

⑨ 轻敲音钵，练习开始。

⑩ 确定孩子们把所有物品归位之后，再轻敲音钵，练习结束。

分享讨论重点提示

这个练习告诉我们，当我们预先知道我们要找的东西是什么，（比如说和颜色相对应的物体）我们就知道如何开始行动，这样可以帮助我们有效率地去找到我们想要找到的东西。这和我们在网络世界里查找信息的状况有点类似，当我们知道上网的目的和要找的信息是什么的时候，我们就能专心地去把那个数据找出来，这样才不至于迷失在信息爆炸的网络世界里。另外，在延伸的练习里，因为我们知道每件物品的来处，所以就可以很快地把它们放回原处，想象我们自己房间里的每样东西都有一定的位置，这样便很容易物归原处，相对地可以让自己的房间看起来更干净，而物品归类也会让自己在做事情时更有效率。

游戏小叮咛

当孩子放回自己所收集的物品后，鼓励他们去帮助还没有完成的朋友们，让孩子感受到，当大家作为一个团队互助做一件事时，会更有效率地把事情做好，这就是互助合作的精神。

静心察觉小记

相信大家都玩过以上类似的游戏，但是请记住，对孩子解释这些游戏的内涵和强调视觉察觉，这才是重点！网络上有许多的照片可供你和孩子在家做"眼睛的捉迷藏"和"眼睛的福尔摩斯"练习，孩子们都很喜欢这样的游戏，全家人一起做也很有趣。

许多家长分享，他们常常因为孩子不知道如何整理房间而大伤脑筋，"把颜色揪出来"的延伸练习中，把物体归回原位的部分，就能帮助孩子体会物归原位的好处。我们时常要求孩子把房间整理好，但是我们可能从来没有花时间去告诉孩子如何整理，而只是期盼他们完成我们要求他们做的工作。你可以在下次要求孩子整理房间时，仿效"把颜色揪出来"的练习，选定一个主题来和孩子做类似的练习，比如说，你可以在限定的时间里，请孩子用具有察觉力的眼睛把所有汽车类的玩具从各个角落里找出来，看谁找得最多。之后再把它们放进一个箱子里，贴上"汽车类"的标签，当孩子下次想玩汽车玩具时，他就知道去哪里找到所有的汽车玩具，并且玩完之后可以很快地收纳回去。以此类推，每次一个收纳主题，孩子慢慢就会学到整理的技巧了，你们迎来的，将是一个更井然有序的房间，而我相信，一个外在有条理的环境将会无形中帮助孩子架构一个更有规律的内在世界。不妨在教导孩子如何整理房间的同时也来做这个练习吧！

现今的孩子包括我们大人自己，无疑都是视觉暴力下的受害者。一天之中，我们有多数时间都是沉浸在网络的世界里，甚至漫无目的地接收不断出现在我们眼前的信息，其结果是除了使我们的眼睛感到疲劳之外，还会给心理带来某种程度的不安和焦躁。

我们也许无法停止科技的发展，就好像我们无法命令天空不能下雨一般，但是我们却可以教孩子如何撑起一把伞（诸如眼睛专注力和察觉力的培养），而不至于让他们被过多的网络信息所淋湿、淹没。

多带孩子去户外走走，和孩子在大自然中进行视觉静心察觉练习，会有很大的帮助。记得有一次，在父母课堂里，琳达分享了他们全家在周末露营时，临时起意做的视觉静心察觉练习。当全家在前往目的地的路上时，她发现车内除了司机爸爸外，所有的人都人手一

"机"，家人不是在刷手机，就是在玩游戏机。看到这一幕时，琳达深深觉得，3C产品已在无形中占据了他们曾经拥有的家庭时光。琳达当机立断，先把自己的手机关掉，也让孩子把平板收起来，虽然孩子开始有点不愿意，但最终还是答应了。接着，琳达摇下车窗，让清新的空气自然流淌进来，邀请孩子们一起来数车窗外飞逝而过的红木数量（加州以红木著称），数出数量最多的人，在到达目的地之后就会有意想不到的奖品。就这样，家人之间有了一段快乐且不无聊的车上时光（她说这个想法可能是来自"眼睛的捉迷藏"的练习）！

另外，在大自然里玩"把颜色揪出来"的练习也很棒，比如说：让孩子在大自然里，把随机颜色卡上的颜色一一从色彩丰富的大自然里挑出来，这不就是一个和大自然共处的很棒的野外静心察觉练习吗?!

总而言之，视觉静心察觉练习的机会处处可寻，不需要正襟危坐地和孩子一起练习，它需要的只是我们带着一颗觉知且开放的心。当孩子感受到善用眼睛来观察周遭一切所带来的好处时，他就会在无形中开始喜欢上这种视觉察觉技能，而这个技能也会帮助孩子在其他方面的学习上获益良多。

让眼睛当裁判官

适合年龄 7 岁以上

教材

A. 音钵

B. 两张图片：男性与女性/包括不同肤色的人种

方法

① 邀请孩子和你坐在一个安静舒服的空间里。

② 告诉孩子，我们今天要做一个"让眼睛当裁判官"的练习，这是一个有关眼睛判断力的练习。展示第一张图片（男/女）。

③ 轻敲音钵，练习开始。请孩子专心看图片。

④ 问孩子：在这张图片上看到了什么？哪一个是男？哪一个是女？（请孩子回答并问他们判断的标准是什么。）

⑤ 展示第二张图片（图片上有尽可能多的不同肤色的人种）。在这张图片上，请孩子回答：这些人里面，你觉得谁的功课可能最好？谁家里可能最有钱？谁可能最会打篮球？谁家里可能需要帮助？

⑥ 轻敲音钵，练习结束。

　　和孩子讨论我们的眼睛是不是给我们很多信息，同样的照片，每个人从照片上得到的信息是不是都不一样？为什么呢？我们的想法有时是不是来自过去的经验？你觉得你通过眼睛判断的都是正确的吗？

　　比如说：

○ 我们判断男或女时，只会看他们外在的衣着吗？

○ 为什么觉得黄种人的功课会比黑人的好？

○ 为什么会觉得白种人会比较有钱？

○ 眼睛的判断都是客观正确的吗？

游戏小叮咛

　　1. 这是一个借由视觉来引导心理判断力的练习。答案没有对错，目的只是帮助孩子了解，有时视觉的判断会被既定想法影响。

　　2. 眼睛虽然看到的是同样的画面，但是每个人的想法或判断却不同，这说明每个人的眼睛的判断也是主观的。

游戏主题 3：眼睛的判断力练习
练习
2

是兔子还是鸟？

适合年龄 8 岁以上

教 材

A. 音钵

B. 有关视觉错觉的图片

（请参考本图片或搜集其他视觉错觉图片）

方 法

① 邀请孩子和你坐在一个安静舒服的空间里。

167

② 告诉孩子，我们今天要做"是兔子还是鸟？"的练习，这是一个有关眼睛判断力的练习。

③ 轻敲音钵，练习开始。

④ 展示"是兔子还是鸟？"的图片，请孩子回答，他们在画面上看到的是兔子还是鸟。当我们把图片放在肩膀左边时，它看起来像什么？（一只兔子），但是当我们把它放在肩膀右边时，它却看起来像另一种动物（一只鸟）。

⑤ 展示其他视觉错觉图片。请问孩子，他们看到的图案是什么。开放答案，请孩子分享讨论。

⑥ 轻敲音钵，练习结束。

分享讨论重点提示

　　告知孩子，有时因为我们看物体的角度不同，眼睛就会看到不同的画面。往往我们觉得自己眼睛看到的才是正确答案，而那可能只是因为我们所看的角度不同而已。对大一点的孩子可以解释说，有时我们可以从不同的角度来看待一件事情，或许我们也会得到不同的结果。

在网络上有许多相关图片可供参考，这样的练习很适合和家人一起玩或是带孩子和其他家庭聚会时，这也是很好玩的娱乐节目。当游戏结束时，可以提醒孩子，我们不一定要坚持自己所看到的就是对的，有时也可以站在别人的角度来发现不同的风景。

游戏小叮咛

有些小朋友需要花比较长的时间来看出同一张图片中的两个不同的画面，当孩子表现出气馁的时候，请鼓励孩子要有耐心，同时也可请别的孩子一起来帮忙。

　　孩子的成长过程是一段不断自我认识和确认
的过程，因此难免会有从主观的出发点来看事情的
时候，其实不只是孩子，很多时候，身为大人的我
们也会因为站在自己的立场上而和孩子起争执，这
都是我们大多坚持以自己的角度来看事情的结果。
当孩子经历一些社交冲突，而你察觉到孩子正在以
自己的立场来解读事件时，请等孩子在情绪平稳之
后，拿这个练习为例子来告诉孩子，很多时候我们
可以站在不同角度甚至是对方立场上来看同一件事
情，也许会看到不同的观点。也许你觉得这样的讲
法对孩子来说，可能太抽象，而事实是孩子似乎都
能理解我想表达的更深层次的内涵，他们能领会的
程度超过我的预期。

　　有一次，班上十岁的洁西卡说，她和妈妈闹别
扭，她埋怨妈妈总是不让她享受自己喜欢做的事（例

如：看课外漫画书），而且总是强迫她去完成一些事（例如：学很难的珠算），这让她觉得"很不公平"。刚好那时我们正做完"兔子还是鸟？"的练习，我借机拿出"兔子还是鸟？"的图片来告诉洁西卡，并试着用她可以理解的话语来告诉她。我说："当你听到'洁西卡'想看课外漫画书的时候（这时把图片放到洁西卡的左边，画面是兔子），你是站在'洁西卡'的角度上，所以你可以理解她想要做那件事的心情，但是当你站在'洁西卡妈妈'的角度上的时候（这时把图片放到洁西卡的右边，画面是鸟），你也可以理解她妈妈想要她学珠算的心情，因为妈妈觉得学珠算会帮助洁西卡在数学的学习上更加容易。"

我不敢说洁西卡能完全领会我这段话背后的意思，但是她的脸上的确出现了"好像有道理"的表情，而她的不平情绪也确实在我们谈话之后被抚平了不少。当孩子大一点之后，诸如此类以自己的角度来看事情的事件将会层出不穷，尤其是进入了小学之后的孩子，会对"公平"和"不公平"这件事有很多的看法和意见，这是成长过程里必经的大脑思维模式，而越早和孩子做这个练习，对孩子越是一个很好的提醒：有时候，我们要站在别人的角度上来看问题，而不是只看见自己眼中的"兔子"而看不见别人眼中的"鸟"。

这是一个非常好的亲子互动练习，能够帮助孩子学习不仅要站在自己的角度上也要学习从别人的角度来看同一件事情。只要我们带着觉知，善用生命里大大小小的机会来和孩子做类似这样概念的练习，你将会发现，这不仅是对孩子好，也会给我们自己带来更多弹性。当孩子慢慢学会了表达自己看事情的角度，也能尊重用别人的角度来看事情时，就会提升他和别人之间互动的质量，而这正是未来孩子所需要的重要生活态度——成为一个有弹性并能尊重别人的大人！

一双看清楚世界的眼睛
一定是一双充满爱与觉知的眼睛。

2.2 听觉的静心察觉

曾经有一位智者，当他被问及，如果上帝让他在世间的"哲学"和"音乐"二者中只能取其一，他会选择哪一个时，这位智者回答："音乐。"可见声音对世间的重要贡献。想想，一个没有声音的世界将是多么令人感觉孤寂和与世隔绝，所以，声音和我们的生活有着亲密、重要的联结关系。

静心察觉教养里有一个很重要的元素，那就是"空间"。许多身为父母或是教育者的我们认为，教育的职责就是去帮助孩子填满他们无所事事的空间，我们认为教育就是要"教"，然而"教育"真的只有"教"吗？我想所谓"空间"不应该只是硬件的，它更应该是一种内在创造的空间，而这样的空间和我们懂得如何安静倾听孩子有很大的关系。

　　一个有智慧、有爱心的人，他一定是一个懂得倾听的人。倾听是所有真实关系的基础，而我们和自己的关系也必须从倾听自己开始。试问，我们之间有多少人曾真正仔细听过自己呼吸的声音、说话的声音、身体的声音、心里的声音？声音无所不在，当我们不带评判地倾听时，或许我们就能察觉到以上所说的那些细微的声音，甚至是来自心里某个微弱但却期待被听到的声音。是不是该给自己的身体或是心灵一个休息并且能和我们自己说话的机会了？

　　在亲子关系里，当我们和孩子沟通时，我们是否可以察觉到自己或是孩子声音背后的情绪累积？是否觉知到我们何时该保持静默以便孩子有空间表达他自己？何时该把声音缓和下来？何时该给孩子一个情感的支援？这些技巧都不是什么大学问，它其实就是"倾听"的延伸，那是一种内在谦虚的态度，一种弯着腰的态度，好像在对孩子说："我其实不一定什么都比你懂，请告诉我并提醒我，我该如何更了解你？"

在接下来的练习里，我们借由引导孩子倾听自己想法的声音、别人的声音、环境的声音，让他们慢慢地学会倾听自己内在所发出的声音，这也就是我们所谓"智慧之声"。是的，孩子也有属于他们的智慧！所有的智慧都在我们的心里，我们需要的就是走进那一扇门，而接下来的听觉静心察觉练习，将会是那把开启门锁的钥匙。

我是音钵大师

适合年龄 4 岁以上

教材 ┆ A. 音钵

方法

① 邀请孩子和你坐在一个安静舒服的空间里。

② 告诉孩子，我们今天要做一个"我是音钵大师"的练习，这是一个有关听见自己声音的练习。（展示音钵）

③ 告诉孩子，这个音钵是你的好朋友，因为每次听到它唱歌，会很容易地感到心情的放松和平静。音钵就像是一个静心的好朋友，提醒我们慢下来，让心回到当下。这时告诉孩子，你想邀请你的好朋友"音钵"发出声音来唱歌给大家听。

④ 邀请音钵唱歌之前，我们会有一个特别仪式，请孩子们仔细地看着这个仪式的进行方式，待会儿你会邀请一个在这个过程里仔细专心观看的孩子，请他再重复一次这个仪式的步骤。

邀请音钵唱歌的仪式：

· 身体保持"静心坐七部曲"的坐姿。

· 一只手把音钵安静地放在手掌上，另一只手轻轻握住音钵棒。

· 眼睛闭起来（也可微微地张开）。

· 保持微笑，身心专注合一，深呼吸三次。

· 轻敲音钵。

· 静静聆听音钵的声音，直到声音结束为止，邀请音钵的仪式结束。

⑤ 环视孩子，先请刚刚有专心看着你展示的孩子示范，接着再依序轮流练习。

分享讨论重点提示

　　音钵声音的呈现是不是和我们内心有很大的联结呢？当我们很急甚至想捣蛋时，敲出来的声音是不是反映着我们内在的状况呢？当我们用平静的心来敲音钵时，发出的声音是不是更平和悦耳呢？

用耳朵来数声音

适合年龄3岁以上

教材 | A. 音钵
B. 神秘盒子（可装下各种小物品的盒子）
C. 可放在神秘盒子里的各种小物品
（例如：纽扣、棋子、小积木等）

方法

① 邀请孩子和你坐在一个安静舒服的空间里。

② 告诉孩子，我们今天要做一个"用耳朵来数声音"的练习，这是一个有关听见自己声音的练习。（展示神秘盒子，盒子里面放着一定数目的小物品）

③ 告诉孩子，这神秘的盒子里有一定数目的小物品，你将会用音钵把盒子里面小物品的数量敲出来，请孩子用他们的耳朵来数数，而不是用眼睛。

④ 练习开始前，请孩子们把眼睛闭起来，在心里默数你敲音钵的次数。

⑤ 等孩子都回答完之后，打开神秘的盒子，并把里面的小物品一一拿出来，数给孩子看。

游戏小叮咛

1. 这个练习成为每次我和孩子们上课时都会做的一个静心仪式，孩子们都很喜欢，并且能够很快地收心专注下来，你也可以时时变更小物品的内容。

2. 有些时候，孩子可能会因为答错数字而感到气馁或是生气，这时你可以借机告诉孩子，所有的练习都只是练习，不是比较。静心察觉练习的目的之一，也是帮助孩子用平常心接受不同状况下的自己。

3. 多练习几次之后，可以开始让孩子当敲音钵的人。

练习
3

当声音变成脑海里的图画

适合年龄5岁以上

教 材 │ **A. 音钵**

方法

① 邀请孩子和你坐在一个安静舒服的空间里。

② 告诉孩子，我们今天要做一个"当声音变成脑海里的图画"的练习，这是一个有关听见自己声音的练习。（展示音钵）

③ 当练习开始，请孩子把眼睛闭起来，在心里描绘自己将要说出的画面。比如说，想象脑海里有一片黑黑的天空，天空中有许多星星，请小朋友仔细地听音钵的声音，然后在心里记下星星的数字（此处意指待会儿敲响音钵的次数）。停止敲击音钵之后，请孩子不要急着说出答案，先安静地举手，等待老师点他的名字，再告知答案。

④ 除了黑夜里的星星之外，你还可以用自己的创意来改变想

象空间的内容，比如说，"在路上可以捡到几颗不同的宝石""在花园里可以看见几只美丽的蝴蝶"等。

游戏小叮咛

这个练习也可以因节庆的来临而做变化，比如说，复活节可以用捡彩蛋的想象，而圣诞节则可以用在圣诞树上选挂饰物的想象，重点是让孩子在不同的变化里，重复听力察觉的练习。

静心察觉小记

　　如果你想在家里设有一个静心察觉练习空间的角落的话，建议你可以买一个音钵，并把它安置在该角落一个固定的地方，方便随时跟孩子一起做"我是音钵大师"的练习。平常多做这个练习，会在潜移默化之中帮助孩子静下来，让孩子身体的能量频率慢慢和音钵的频率共振，使其身心处在一种和谐的状态里。

　　我也建议，在孩子需要用专注力去做一些事情之前（例如：写功课、练习乐器……），也可以使用音钵来集中自己的注意力。我常告诉孩子，音钵其实就像是一个简单的乐器，我们演奏出来的音钵的声音，往往反映着我们内在的心理状态，所以建议孩子们在练习任何乐器前，都可以把邀请音钵唱歌的仪式，改成他将演奏任何乐器前的仪式！

　　"我是音钵大师"的练习灵感来自一行禅师为孩子设计

的"学习请钟"的练习。在静心察觉的父母课程里，有些家长特别喜欢一行禅师的正念教导，也会固定去参加一行禅师机构所举办的家庭正念工作坊。回到家之后，有个妈妈就在自己的电脑软件里设定了不定时的音钵声响，当全家人共处一室时，从电脑软件中不时发出温和的音钵声，不管那时家中的每位成员正在忙些什么，一旦听到此声，他们都会带着觉知踩个刹车，把心神凝聚到当下的呼吸上，然后做几个有觉知的深呼吸，提醒自己回到当下，舒展一下身心。这样的练习一开始或许有些刻意，但是一旦家人习惯之后，这就可以成为家中一种"回到当下"的提醒仪式。这个提醒让家人在音钵声中回到当下并体会彼此共处同一个空间的平和感受。

对于这个到处都是"低头族"的时代和经常沉浸在网络世界中的我们来说，这个练习显得特别重要。它提醒我们避免过度沉溺于自己眼前的虚拟世界，提醒我们随时回到身体所处的真实世界来，因为生命只会在当下而不会在别的地方。

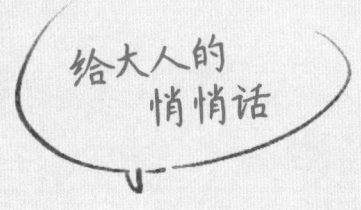
给大人的悄悄话

大部分在我这里上课的大人或是小孩，在家里都备有音钵。一般说来，大人会用大一点的音钵，而孩子会用小一点的音钵。大小音钵的声音长度不同，所以适合不同的需要，而小一点的音钵也适合孩子握在手掌里，方便他们练习。

静心察觉练习里有许多的练习都和音钵有关，而事实证明，音钵本身平静的声波可以让人在短时间内安静下来。越来越多的研究报告显示，音钵所带来的声音磁场，不但可以在生理上帮助血液循环，降低血压，在心理上也可以减缓忧郁、紧张的情绪，减少焦躁不安。

当我们和孩子做音钵练习时，我常提醒父母要记得用一种平静安稳的态度来敲音钵，因为这种态度会让孩子感受到，我们和音钵联结的当下是一个神圣时刻，而我们的生命就是由这样一个个的神圣时刻组成的。换句话说，音钵在此扮演着生命中一个重要的引导性的仪式器皿的角色。这个简单的小仪式，将一步步带领我们通往自己内在的平和之境。

当你学会倾听，
全世界就会开始
对你唱歌！

用耳朵抓宝

适合年龄 5 岁以上

教材	A. 音钵
	B. 儿童绘本：《咕叽 咕叽》，陈致元，（凡书中有重复出现字句的皆可）。

方 法

① 邀请孩子和你坐在一个安静舒服的空间里。

② 告诉孩子，我们今天要做一个"用耳朵抓宝"的练习，这是一个有关听见别人声音的练习。

③ 告诉孩子，现在你要念一本儿童书《咕叽 咕叽》，这本书里会出现许多动物，请孩子在每次听到你念某种动物的名称时击掌。

④ 轻敲音钵，练习开始。请孩子专心地用耳朵来抓宝。

⑤ 当你在绘本里每次念到动物名称时，请特别加强重音。

⑥ 轻敲音钵，练习结束。

分享讨论重点提示

当我们仔细聆听故事时，才能抓得到我们想要抓宝的字句，同样地，当我们在听别人说话时，也要仔细聆听，才不会漏掉别人想对我们说的话。

1. 除了"动物名称"以外，你也可以选择书上其他一再重复的"颜色"或是"人名"等，来做听觉专注力练习。

2. 建议你选一本孩子已经读过的书，这样他们才不会太把注意力放在第一次听到的故事情节上。

3. 推荐的其他儿童绘本：

《好饿的毛毛虫》（明天出版社）

《猜猜我有多爱你》（明天出版社）

《喜欢5的公主》（现代出版社）

4. 随时随地你都可以和孩子做这个练习，但不建议在读睡前故事时做这个练习，因为这样可能会导致孩子过度兴奋而无法放松入睡。

传话筒

适合年龄 5 岁以上

教材 | A. 音钵

B. 自制传话筒

C. 放有一些句子纸条的罐子

例句：下馆子吃饺子 / 葡萄里有葡萄籽 / 下雨天，留客天，天留我不留等

方 法

① 邀请几个孩子和你坐在一个安静舒服的空间里，围成一个圆圈。

② 告诉孩子，我们今天要做一个"传话筒"的练习，这是一个有关听见别人声音的练习。

③ 展示练习用的自制传话筒，并告诉坐在你旁边的孩子，你将会把传话筒对准他的耳朵，然后借由传话筒把一个句子的信息传给他，而其他人并不会听到。事先告诉孩子，这个句子一共有几个字，请孩子要仔细听每一个字，因为他必须把这个句子借由传话筒完整地传给下一个坐在他身边的人。

④ 轻敲音钵，练习开始。

⑤ 从罐子里取出一张纸条，读完以后，把传话筒对准旁边孩子的耳朵，请孩子专心听，并请他把这个句子的内容传下去。以此类推，直到这个内容传到圆圈里最后听到这句话的小朋友为止。

⑥ 最后听到句子的人，必须一字不漏地说出他所听到的内容，再以此类推回去，问圆圈里的每个小朋友，他们各自说了什么或是听到了什么，最后再公布正确的答案。

⑦ 轻敲音钵，练习结束。

　　告诉孩子，在这个练习里我们体验到倘若我们没有好好地把别人对我们说的话听清楚，我们会误解别人的意思，也会把错误的信息传出去，所谓"谣言"就是这样来的，所以，仔细听别人说话，可以避免不必要的误会，这在沟通里是非常重要的。

游戏小叮咛

　　预先告知孩子你所说的句子里一共会有几个字是很重要的，因为这样可以帮助孩子在听句子时更加专心，并试着把每一个字听清楚，说明白。

你敲我打

教材 ┆ A. 音钵
　　　B. 两组不同颜色的节奏木棒

方 法

① 邀请孩子和你坐在一个安静舒服的空间里。

② 告诉孩子，我们今天要做一个"你敲我打"的练习，这是一个有关听见别人声音的练习。

③ 展示练习的节奏木棒，并邀请一个孩子来和你做这个练习，让孩子和你背对背坐着。

④ 告诉孩子，你将用你的木棒敲打一段旋律，请孩子仔细听，等你停下来之后，再请孩子用木棒来重复你的旋律。

⑤ 轻敲音钵，练习开始。

⑥ 请先自行敲打一段旋律，接着请孩子用他的木棒重复你敲打的旋律，接着再换孩子敲打一段他即兴发挥的旋律，然后换你用木棒重复他的旋律。

⑦ 让每个在场的孩子都有机会做到这个练习。

⑧ 轻敲音钵，练习结束。

　　告诉孩子，在这个练习里，当我们想要准确无误地敲出对方的旋律时，我们要用静心察觉的耳朵来听对方的每一个旋律，因为这样才能真正完成任务。这和我们与别人谈话沟通的时候其实很类似，我们必须先倾听，弄清楚对方到底想说什么，才知道要如何响应。为了尊重别人，当我们听完别人所说的话之后，可以把他们的话再重复一次（就像重复相同的旋律一样），确定我们真的把对方的信息都听清楚了再响应。这是一种重要的沟通技巧，值得我们在与人沟通时多多练习。

游戏小叮咛

　　1. 有些孩子会在对方敲完整段旋律前，自己就先心急地重复响应，因此练习往往会中断，无法顺利完成。这时我们可以告诉孩子，这就像人与人对话时会发生的状况一样，有时别人还在讲话，我们会忍不住想"插话"，打断对方正在说的话。

　　2. 在做这个练习时，为了避免未听完先响应的状况发生，我们可以等对方敲完之后，稍微等一下（或是在心里默数1，2，3），确定对方真的敲完了，再重复对方的旋律。

　　同理可推，若我们要避免插话的情况发生，最好的方法就是先静心听对方把话说完，稍微等一下，确定对方已经说完话后，再做出回应。

　　3. 练习时可以用不同的乐器来代替木棒，例如：皮鼓、三角铁等，倘若教室里没有乐器，用手击掌发声也是可以的。

静心察觉小记

前面这三个练习，都非常适合在家里和家人一起做，一方面可以培养孩子的倾听技巧，加强耳朵的察觉力，另一方面也可以培养孩子的专注力。

练习1"用耳朵抓宝"的教材很容易取得，几乎所有的儿童绘本里面都有重复的字词，很适合这方面的学习。做几次练习之后，我发现容易分心的孩子，确实比较能够把注意力放到正在说话的人身上。

不可否认，家庭生活中难免会有摩擦，而这大多都是沟通不良所造成的，这和我们不懂倾听有绝对直接的关系。我建议家人在一天里可以空出某段时间，把自己的耳朵借给彼此，单纯地倾听并和家人分享自己这一天所发生的事情，借由倾听让孩子感受到你对他的重视和关心。美国前总统奥巴马，虽然日理万机，但还是做到几乎每天和家人共进晚餐，因为这是一件对他自己和家人都非常重要的事。我想，如果一个总统都可以尽量做到如此，那么，相信我们再忙也都可以在一天之中抽出一小段时间来陪伴家人、倾听家人。

练习2"传话筒"和练习3"你敲我打"借由听力的察觉游戏来介绍有效的沟通技巧，这两个大家普遍都玩过的游戏，本身就是传递沟通技巧最好的示范，让孩子在游戏里感受到说和听的角色扮演，并体会到耳朵在沟通时扮演的重要角色。

以上的练习虽然我们小时候或许都玩过，但是请不要把它视为只是我们印象中玩过的团体游戏而已，这些练习的重点是为孩子提供在对话中可能遇到的类似体验，强调倾听的尊重态度，因此，在练习之后帮孩子归纳重点提示就显得特别重要。

以我的经验来说，孩子们都很喜欢这样简单又有趣的练习。借由游戏不断反复熟悉这些听觉静心察觉的技巧，孩子会开始在潜移默化中把这样重要的听觉觉知技巧融入到与别人的沟通互动之中。这些真是非常好的练习。

当然，教导孩子如何倾听的最好的方法之一，就是我们自己先成为一个好的倾听者。当你愿意把自己耳朵的收听调频打开时，孩子一定会感受到你的支持和爱，而这也是他会对你倾诉和信任的开始。换句话说，一个称职的倾听者要做的，就是给予孩子信任和尊重。我们不用老是觉得自己有使命帮忙孩子解决问题，也不用当一个总是能当机立断的"好家长"，因为这些惯性反应阻碍了我们和孩子真正的沟通，也凸显了我们对孩子的不信任。一个好的倾听者，不会急着成为救世主，他会像是一个教练一样，先听出对方的需要，然后再给予适当的反馈或是意见。所以，要当一个好的家长或老师，就必须先从倾听的功夫下手。

游戏主题 3：听见隐形的声音

练习

1

听见平静的声音

第一部分练习适合年龄 4 岁以上
第二部分练习适合年龄 7 岁以上

教 材

A．音钵

B．一段平静的音乐（大自然的溪流声、森林的鸟叫声等）

C．一段嘈杂的音乐（公共场所嘈杂的声音等）

方法

第一部分/ 适合年龄 4 岁以上

① 邀请孩子和你坐在一个安静舒服的空间里。

② 告诉孩子，我们今天要做一个"听见平静的声音"的练习，这是一个有关听见隐形声音的练习。

③ 告诉孩子，你将会播放两种不同的音乐，请孩子闭起眼睛，仔细聆听，请他们想象可能的画面，并察觉自己的身体在听到这两种声音时的感觉。

④ 轻敲音钵，先播放一段嘈杂的音乐。

⑤ 轻敲音钵，练习结束。

⑥ 讨论分享有关身体和心里的感觉。

⑦ 轻敲音钵，再播放一段平静的音乐。

⑧ 轻敲音钵，练习结束。

分享讨论重点提示

　　让孩子分享有关这两种不同的声音所造成的身体和心理不同的感觉，请他们比较并分享：喜欢哪一种声音？某些声音是不是让他们联想到一些过去的经历？比方说：他们曾去过的地方，或是某个发生过的事件等。

⑨ 告诉孩子，现在你要再放一次之前那段嘈杂的音乐，但是同时，你会安静地敲音钵，请孩子在嘈杂的音乐里面去数音钵的平静声音。

⑩ 告诉孩子，有时候我们所处的环境，可能会同时有平静和嘈杂的声音，但是我们可以学习在嘈杂的环境里听到平静的声音，这就好像前面我们所做过的"用耳朵抓宝"的练习一样。在那个练习里，我们可以在书里找出我们要听的名称，同样，我们也可以学习在吵闹的环境里找到平静的声音。

分 享 讨 论 重 点 提 示

倾听孩子们有关身体和心理觉知的经历，让孩子体会在嘈杂的环境里，感受"平静"的可能性，这是一种把注意力放在自己想专注于的事物上的练习。

是谁在说话？

适合年龄 8 岁以上

教材	A．音钵
	B．日常生活中经常使用到的小物品，纸、画笔、杯子等。

方 法

① 邀请孩子和你坐在一个安静舒服的空间里。

② 告诉孩子,我们今天要做一个"是谁在说话?"的练习,这是一个有关听见隐形声音的练习。

③ 轻敲音钵,练习开始。

④ 拿出几个日常使用的小物品,一个一个从左到右排好,放在孩子面前。

⑤ 拿出最左边的一个物品(比如说,一支快要用完的铅笔)问孩子:如果这支铅笔会说话的话,它会说什么?

⑥ 接着,你用拟人化的方式说:"我是铅笔,我努力地工作了很久,我帮我的主人写了很多的字在纸上,纸是我的好朋友。"

⑦ 拿出纸笔来,把那支快要用完的铅笔画下来,然后把刚刚"铅笔"讲的话写在画下的铅笔旁边。

⑧ 鼓励孩子学你这样做,让孩子选择身边的物品并把物品可能会说的话写在自己将画下的物品的旁边。

204

⑨ 以此类推，直到小朋友为所选择的物品都说完话并画完画为止。

⑩ 轻敲音钵，练习结束。

分享讨论重点提示

　　物品不会自己说话，所以我们可以学着用"心"来倾听，想想它们可能会说的话。如果你很喜欢的球鞋被穿破了，你觉得它们会对你说些什么呢？当我们听见了原本"听不见的声音"时，我们和物品的关系是不是也跟着变得更友善了呢？

205

静心察觉小记

"是谁在说话？"这个练习比较抽象，所以适合大一点的孩子，或是已经有长时间静心察觉经验的孩子来做。

有时孩子放学回家，一进门就把鞋子乱丢，弄得很杂乱，这时你或许可以对孩子说："如果你的鞋子会说话，它们会对你说什么？"如果孩子拒绝，你也可以用拟人化的音调替鞋子说："我们鞋子帮你一路走回家，但是你一进门就把我们丢到一边，一个东、一个西，我们两个想要好好坐在一起休息，我们想好好被对待！"

家里常常充斥着孩子曾经使用过的物品，像是弄坏又舍不得丢的玩具、穿过但已经又小又旧的鞋子，或是几年前喜欢读的故事书等，这些物品都有许多故事，借着这个练习，可以让孩子用无限的想象力来重新看待身边的物品。如果有些物品必须被清理掉，也可以邀请孩子在让物品被回收或送人之前，为物品发声，并表达对物品的感谢，这将同时培养孩子爱物惜物的美德。

　　我个人的经验是，每当我用这样拟人化的诙谐方法和较年幼的孩子沟通时，我发现孩子的内在自省能力就会自然升起，不用我多说或是用责备的方式去要求他们，他们总能很快地调整自己的行为。这也提醒我，很多时候不需要责备或说教，只需要一点觉知和幽默感，就能达到更好的效果！

现在的世界是一个充满声音影像的世界，换句话说，这个嘈杂的外部世界，让我们的内心世界变得拥挤、散乱而无法专心，甚至不快乐。"听见平静的声音"这个练习就是要培养孩子在忙碌的世界里去"听见"那个隐形却也随时可循的内在平静空间。这是一个抽象的练习，但是孩子可以借由体验而心领神会。

班上八岁的女孩莉娜就曾在上课时分享，有一次她在学校操场玩游戏，那时环境很吵，她就决定把注意力放到心中，试图保持平静，结果声音就真的不再困扰她了。还有一次，我和孩子们在做"用耳朵来数声音"的练习时，那天天气很热，教室里开着电风扇，发出"啪嗞，啪嗞"的声音，快六岁的小女孩乔伊埋怨说，她没有办法专心，因为电风扇的声音太吵了！听她这么一说，我本能地想起身去关电风扇，让孩子好好练习，但是我转念一想，这不就是提醒乔伊我们先做个"听见平静的声音"练习的大好机会吗？我请乔伊在电风扇微弱的噪声下，把专注力放在音钵的声音上而不是电风扇的杂音上，试着用耳朵来数音钵的声音，结果乔伊做到了！我一敲完音钵，她就安静地举手，然后说出了正确的数字，那个时刻的乔伊笑得很开心。我想，让她最开心的不是说对了答案，而是她经历了把注意力放在自己想放的事情上，而不被其他事情干扰。

"是谁在说话？"的练习，灵感来源是我小时候的作文练习，那时我最喜欢的作文题目，大多是有关拟人化或是以别人的立场来看世界的题目，比如说："一个铜板的旅行记"或是"如果我是大总统的话，我会……"我觉得这样的题目可以让孩子发挥很多想象力，而且没有正确答案，是个可以自由发挥又好玩的主题。我发现，班上的孩子们都和小时候的我一样，喜欢这样的练习。在这个练习里，他们透过这种微妙却带有想象力的游戏心，开始对周遭的一切做主客体的交换，这也自然牵动出他们站在别人的角度上来看事情的谦卑态度，无形中在他们的心田种下与万物平等互爱的种子！

2.3 味觉的静心察觉

味觉的静心察觉应该是所有身体静心察觉练习中最受孩子们喜欢的一种，因为，谁不喜欢在没有时间的压力下，安安静静、不疾不徐地吃完口中的美食呢？

刚开始带孩子做身体五感静心察觉练习时，我总喜欢从味觉的静心察觉入手，因为这是最能"吸睛"的练习。这个练习带给身体五感的直接感受，最能让孩子在饮食的同时，领悟到静心察觉的内涵——注意眼耳鼻舌身在进食时的当下感受！孩子往往在练习完之后，就会迫不及待地想把学到的静心察觉饮食法运用在他们平常自己所吃的食物上，甚至还会常常向自己的父母与朋友示范这种吃东西的"新方法"。然而，这不该是什么"新方法"，它其实应该是我们对所吃食物的一种尊重。

在这个忙碌的世界中，我们慢慢地丧失了和食物之间这种亲密联结的关系，而孩子也逐渐变得和我们一样了。"不都是吃东西吗？"有些人可能会这样问。静心察觉饮食和其他饮食方式最大的不同，就是它是有觉知地在吃，而平常我们大都是为了吃饱在吃，这样的吃只是用嘴巴在吃。然而有觉知地吃，则是用眼睛、鼻子、嘴巴、手、耳朵甚至全身，还加入意念一起在吃。既然饮食是我们生活中之必需，那我们何不把这些进食时间当作静心察觉的练习机会？在成人的课堂里，大家也都非常喜欢味觉的静心察觉练习。几次练习下来，这个简单又不费力的练习，不但可以深化我们的五感觉知，还让我们学习放松和专注！借由饮食把心收放到当下，何况把食物放在嘴里细嚼慢咽不但有助于消化，也有利于健康，所以，同样是吃饭，我们不如更聪明地来吃它。

习惯忙碌生活节奏的我们可能没有慢食的习惯，所以刚开始特意的慢食或许会觉得有点刻意，但当你开始愿意静心慢食之后，你将会很快感受到这样做的许多好处。你会开始感受到，不只是你的嘴巴在吃东西，你的大脑还有你的胃也开始带着觉知来吃东西了。它们会提醒你何时该吃、何时该停下来了！如果你也把觉知放在吃完食物后身体的觉受上，你就会慢慢地察觉到，通常会让你觉得精力充沛的食物可以多吃，而对身体有不利影响的食物则该开始尽量少吃了。

有些家长告诉我，单单只是带着觉知地慢食，他们就已经在不知不觉中改掉了过去对某些食物上瘾的习惯，比如薯片、咖啡，甚至烟酒制品等。还有个家长表示，静心察觉进食练习帮助他的体重恢复正常了！

除了以上的优点之外，面对越来越多孩子的早期偏食问题，或是从因各种饮食失衡而必须接受医药治疗控制的状况来看，与其让孩子使用化学药物来调整其偏差性饮食习惯，倒不如在孩子的早期教育里，提供健康的饮食觉知教育，相信这才是真正的治本之道！而且，这样做不但没有副作用，还能让我们享受美食，何乐而不为呢？

游戏主题 1：静心察觉进食练习

练习

1

用五感来进食

适合年龄 3 岁以上

教材

A. 音钵

B. 水果干（葡萄干、枸杞、无花果干等）

C. 夹子

方法

① 邀请孩子和你坐在一个安静舒服的空间里。

② 告诉孩子，我们今天要做一个"用五感来进食"的练习，这是一个有关味觉静心察觉的练习。

③ 打开装有水果干的罐子，轻轻地夹起一块水果干，用眼睛环绕四周的小朋友，然后把水果干放在已经安坐好的小朋友手上，并请拿到水果干的小朋友先不要吃，耐心等候所有的小朋友都拿到水果干为止。

④ 等每个小朋友手上都有水果干时，轻敲音钵，练习开始。

⑤ 把无花果干放在孩子面前，请孩子用静心察觉的眼睛来看看：
"用眼睛仔细看看无花果干的颜色，它是黑色的吗？还是有别的颜色？"
"当你近看和远看无花果干的时候，它有什么不一样的颜色吗？"
"把无花果干对着灯光看，会看到什么不同的细节吗？"等等。

⑥ 请孩子把无花果干放在鼻子前，用静心察觉的鼻子来闻闻：
"仔细闻闻味道，是甜甜的还是酸酸的？"
"和你之前想象的味道一样吗？"

"深呼吸，闻一下味道，感受一下身体对无花果干味道的反应。你身体有什么特别的感觉升起吗？"

⑦ 请孩子把无花果干放在耳朵旁，用手指刮一刮无花果干的皮，用静心察觉的耳朵来听听：

"你听得到无花果干的声音吗？"

"想象一下，如果无花果干可以说话，它会对你说些什么呢？"

⑧ 用静心察觉的手来摸摸：

"无花果干摸起来是干干的还是湿湿的？有黏黏的感觉吗？"

"你的无花果干是粗粗的还是平平的？"

"如果你将眼睛闭起来摸，你觉得它摸起来会像是无花果干吗？还是你觉得它会像其他东西呢？"

⑨ 现在，我们将用静心察觉的嘴巴来吃吃：

把无花果干放在嘴巴前，先不吃，在这里停留一下，问孩子："那种想要吃但又还不能吃到的感觉是什么呢？是好奇？生气？还是有点着急？是否感觉已经有口水在嘴里分泌了呢？"

接着，邀请孩子把无花果干放入嘴巴里，轻轻地咬上一口，然后问孩子：

"它的滋味是什么呢？酸酸的还是甜甜的？"

"皮里面的籽是不是像沙子？你喜欢这种沙沙的感觉吗？"

"你喜不喜欢这个味道？为什么？"

"吃完之后，你的身体觉得如何呢？舒服吗？"

"还想再吃吗？还是你觉得已经够了？"

让孩子在静心的状态下把无花果干慢慢吃完。

⑩ 轻敲音钵，练习结束，并分享讨论。

游戏小叮咛

1. 如果遇到有些孩子不想尝试某些食物，请尊重孩子的决定。但你还是可以邀请孩子拿着食物和别的孩子一起做其他四个感官的练习。有时，我会准备一些孩子们不常见的食物（例如不同文化的食物），以此鼓励孩子去尝试一些他们不曾见过或是吃过的食物。这样的安排，是鼓励孩子不要对食物有先入为主的偏见，避免偏食的习惯，并且能够借由食物培养孩子的国际观。

2. 请选择以健康为取向的食物来做练习，这是一种引用健康饮食的良好示范。

3. 把平均等份的食物先安排好，一一放在孩子的手上，不需要他们自己挑选。这样可避免某个孩子在选择拿哪一个食物时耽误太多时间，而分散团体做这个练习的专注力。

感恩食

适合年龄 4 岁以上

教材

A. 音钵

B. 任何一种来自大自然的健康食材（例如：当季水果等）

C. 构成此食物的必要因素（例如：太阳、雨水、土壤、农夫、种子、运输工具等）卡片

方法

① 邀请孩子和你坐在一个安静舒服的空间里。

② 告诉孩子，我们今天要做一个"感恩食"的练习，这是一个有关味觉静心察觉的练习。

③ 打开装有水果的罐子，轻轻地夹起一颗水果（例如：草莓），用眼睛环视四周的小朋友，然后把水果放在安坐好的小朋友手上，请拿到草莓的小朋友先不要吃，等候所有的小朋友都拿到草莓为止。

④ 轻敲音钵，练习开始。

⑤ 眼里看着手中的草莓，告诉孩子，这是一颗很特别的草莓，它有一个特别的名字叫作"感恩草莓"。

⑥ 把多张构成食物的必要因素卡片，先放在你的背后准备好，不要让孩子看到。

⑦ 告诉孩子，这颗看起来很好吃的草莓，其实需要很多人和事物的帮忙，才会来到我们的手里。

⑧ 请问孩子：什么是构成这颗草莓来到我们手里的因素呢？（如

果孩子不太了解你的意思，你可以带头说一两个因素，比如说，没有太阳就没有这颗草莓。这时从身后拿出印有"太阳"图片的卡片，接着说，"感恩太阳"，然后把卡片安置在毯子的左上角。）

⑨ 邀请孩子分享他们所能想到的可能因素。每当孩子提到的某个因素与你背后的卡片相对应时，请从背后拿出卡片，并对该因素送出感恩，由左至右依序放在毯子上，感谢孩子提供的答案。

⑩ 以此类推，直到所有的因素卡都被提及并展示给孩子看到为止。

⑪ 请孩子跟着你把每张因素卡上的因素念出来，并发出感谢。比如说，"感恩种子""感恩雨水"等。

⑫ 带着感恩的心配合"用五感来进食"的练习，一起安静地吃下手中的草莓。

⑬ 轻敲音钵，练习结束，并分享讨论。

1. 如果孩子分享的因素并没有在你的卡片里，你可以感谢孩子的答案并把那个因素写下来，表示对孩子想法的尊重。

2. 孩子可能会说出"空气"这个因素，因为"空气"无法被图像化，所以孩子说完之后，你可以空出一个卡片的位子来给"空气"，这可增加练习的趣味性。

3. 请选择新鲜食材，而非加工的罐头食品或是干粮、饼干等食材。

静心察觉小记

在家用餐时，你可以轻松地带着孩子和家人做这两个练习。比如说，晚餐的前几分钟，把第一口食物放入嘴巴之前，带着轻松感恩的心情做一个对食物的感恩，然后慢慢用五感来慢食。有些家庭因为信仰的关系会有饭前祷告或是某些文化里有先感恩食物再进食的习惯，这些都是很好的日常饮食习惯。相信只要大家有心就可以慢慢养成，并成为良好生活习惯中重要的一部分。

一起保持安静并带着尊重、感恩的心情来进食，对孩子的影响常常出乎我的想象。记得有一次，六岁的小男孩菲力特别请他妈妈在去超市时记得帮他买他在静心课堂里吃过的"感恩牌草莓"，因为他觉得"感恩牌草莓"是全世界最好吃的草莓！菲力妈妈去了几家超市，苦找无获之后，最终跑来问我，哪里可以买到"感恩牌草莓"。我听了之后，哭笑不得地告诉菲力妈妈，这不是一个品牌的名称，而是一个练习的名称！这个故事告诉我们，当我们带领孩子用觉知和感恩来吃某种食物时，那个食物可能会变成人间难得的美味，因为吃的人是用感恩和全身的觉知在吃它。

我尽量给孩子提供有机的绿色蔬果来当点心。以前小男孩杰森往往只吵着要吃糖，但是吃过几次"感恩胡萝卜"后，以前他一口都不碰的胡萝卜，似乎变得没有那么讨厌了，反而觉得还有一点好吃。有一次，他甚至还会请妈妈在主餐中蒸一点胡萝卜给他吃，最后杰森告诉我，他最喜欢吃胡萝卜了！这种听起来看似没什么大不了的反馈，其实正在无形中帮助孩子学习以开放的心态去接受不同事物的可能性。这不仅能够避免因偏食而造成的营养不良，也让孩子的心态更开放，更能勇于尝试以往不愿意去尝试的东西。

虽然说"感恩食"练习和身体的五感静心察觉没有直接的关系，但是拿它和"用五感来进食"练习做搭配却是相得益彰，这也是我特意把它编排在这个单元里的原因。

有时我在课堂上和孩子们分享点心时，即使当天没有带练习需要用的感恩卡片，我和孩子们还是可以很自然地说出一大串对食物的感恩词。这样简单的日常练习，时时把我们和大自然还有人与人之间的互助关系带到孩子的觉知里。如此一来，相信每口佳肴都不再只是感官上的满足，而更是心灵层次上的提升！

食物分类红绿灯

适合年龄6岁以上

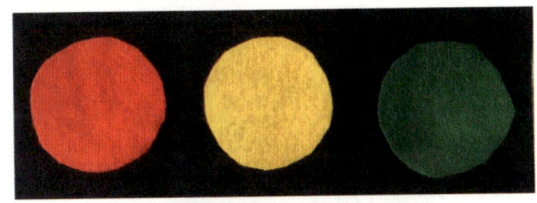

教材

A. 音钵

B. 食物分类红绿灯毛毡

C. 装满各种不同类别食物的袋子

（例如：饼干、可乐、新鲜蔬果、五谷类制品等）

225

方 法

① 邀请孩子和你坐在一个安静舒服的空间里。

② 让孩子分享他们对一般红绿灯的了解（红灯停、黄灯想、绿灯行）。

③ 告知孩子，在"食物分类红绿灯"练习里，我们也可以这么做。

④ 轻敲音钵，练习开始。

⑤ 红圈毛毡代表红灯：
有些垃圾食物对身体很不好，所以"红灯食物"是指比较不健康的食物，比如说油炸食品、加工过的甜食，我们都要尽量少吃，甚至不吃，因此我们可以说"红灯停"。

⑥ 从袋子里拿出"红灯食物"（薯片），放在"红灯"毛毡的下方。

⑦ 绿圈毛毡代表绿灯：
新鲜的有机绿色蔬菜和水果，还有坚果等这类没有加工过、来自大自然的食物要多吃，因为这对我们身体很好，可以多摄取，所以是"绿灯行"。

⑧ 从袋子里拿出"绿灯食物"（新鲜蔬果），放在"绿灯"毛毡的下方。

⑨ 黄圈毛毡代表黄灯：
有些食物是介于红灯食物和绿灯食物之间的食物，它们不算是垃圾食物，但也不是新鲜蔬果之类，比如像是白面包、人工压缩的海苔、谷类饼干等。类似这样加工过的食物，我们虽然可以摄取，但请不要过度食用，在进食这些食物前，我们最好再想一下，所以要"黄灯想"。

⑩ 从袋子里拿出"黄灯食物"（五谷饼干），放在"黄灯"毛毡的下方。
接着邀请孩子们把袋子里剩下的食物分别做出红绿灯的分类，并把其放在相应的圆圈毛毡下方。

⑪ 轻敲音钵，练习结束。

分享讨论重点提示

让孩子分享哪一种灯的食物是他们的最爱，并说出为什么。有哪些绿灯食物是他们喜爱的？让他们讨论，绿灯食物和红灯食物最大的差别在哪里。为什么红灯食物要少吃？

1. 这个练习不需要孩子能正确无误地给所有的食物分类，而是要强调我们可以带着觉知去选择食物。倘若孩子有分类困难，可以适时地帮助或是让他和其他孩子讨论一下，这样一来，孩子们将会对健康饮食有更多正确的概念。

2. 练习前所准备的食物袋里，要具备红、黄、绿灯这三种对应的食材。

食物百分比

教材

A. 音钵

B. 小圆盘，有色胶带，剪刀

C. 用胶带大致划分出食物百分比圆盘，70%、20%、10%（请参考图片）

D. 三种红、黄、绿灯范例食物并分开放好

229

方 法

① 邀请孩子和你坐在一个安静舒服的空间里。

② 告诉孩子，我们今天要做一个"食物百分比"的练习，这是
   一个有关味觉静心察觉的练习。

③ 轻敲音钵，练习开始。

④ 今天我们要学习在每一餐食物里，如何安排红、黄、绿灯三
   种食物的分量。

⑤ 拿出"绿灯食物"（新鲜蔬果、豆类等），把盘子里70%的
   部分填满。

⑥ 拿出"黄灯食物"（谷类饼干、海苔制品等），把盘子里
   20%的部分填满。

⑦ 拿出"红灯食物"（小甜点、糖果等），把盘子里10%的部
   分填满。

⑧ 告知孩子，现在要请他们自己做百分比小圆盘，并且请孩子
   自己去拿取红、黄、绿灯食物，然后用那些食物把自己的小
   圆盘填满。

⑨ 轻敲音钵，练习结束。

　　告知孩子，红灯食物不是坏蛋，偶尔吃点红灯食物是可以的，像是庆祝生日时吃奶油蛋糕，万圣节时吃糖果都是无伤大雅的，只是我们要记得控制好红灯食物的分量，因为它们没有绿灯食物中的营养成分，吃太多对我们的身体有害。因此，要想聪明地来控制这些食物的分量，就需要我们经常带着觉知在生活里练习。

游戏小叮咛

　　食物的比例只要大略即可，主要是帮助孩子大致了解多食"绿灯食物"、适量撷取"黄灯食物"和少量进食"红灯食物"的概念。

游戏主题2：先想再吃的饮食观
练习
3

食物排排站

适合年龄5岁以上

教材

A. 音钵

B. 各种红、黄、绿灯食物

C. 食物百分比圆盘，宽口透明杯

方法

① 邀请孩子和你坐在一个安静舒服的空间里。

② 告诉孩子，我们今天要做一个"食物排排站"的练习，这是一个有关味觉静心观察的练习。

③ 轻敲音钵，练习开始。

④ 拿出上个练习中所使用过的食物百分比圆盘，将相应百分比的食物放在圆盘上。

⑤ 拿出"红灯食物"的部分，放到透明杯的底部（以不超过杯上的红灯线条为准）。

⑥ 再拿出"黄灯食物"的部分，放到"红灯食物"的上面（透明杯的中部）。

⑦ 接着拿出"绿灯食物"的部分，放到"黄灯食物"的上面（透明杯的最上部）。

⑧ 邀请孩子自行去拿取食物，并按照你的方式放入有比例分配的杯子里，请孩子安静地从杯子上方的食物开始进食。

⑨ 轻敲音钵，练习结束。

分享讨论重点提示

　　和孩子分享，我们用餐的时候，可以带着觉知，按照三种灯的先后顺序来进食。我们从"绿灯食物"开始吃，吃完之后，再吃"黄灯食物"，把放在最底部的"红灯食物"留到最后吃。

游戏小叮咛

　　孩子总是有想先吃"红灯食物"的冲动，这个练习可以培养他们的耐心，因为只有把"红灯食物"上面所有的东西都吃完了，他们才能吃到杯底的"红灯食物"。同样地，在日常的三餐上，我们也鼓励孩子用这样的顺序来进食。

静心察觉小记

　　游戏主题"先想再吃的饮食观"是一种进食前的觉知能力延伸。这三个练习的教案设计，是帮助孩子在把食物放进嘴巴之前，能养成一种觉知的习惯，先想一下所要吃进的食物可能对身体所产生的影响，进而做一个更有静心察觉的选择。

　　"人如其食！"（You are what you eat！）这是大部分人都耳熟能详的一句谚语。意思是说，我们所吃的食物，将和我们身体所呈现的状况有绝对的关系。其实，这句话和我们常说的"病从口入"多少也有点关系。

　　想象一下，如果我们能在生命早期引导孩子，让他们养成一个全面健康的饮食察觉习惯，那么，这将对他们往后人生的健康带来莫大的影响！在"食物分类红绿灯"的练习后，我调整了每次课堂里吃点心的模式，我会准备三种代表红、黄、绿灯的食物，并将它们放在不同的罐子里，在分配点心前，邀请孩子告诉我，这三种食物里，哪个是属于"红灯"、"黄灯"和"绿灯"的食物。刚开始，孩子对于"黄灯"和"绿灯"食物的判别认知还不是很清楚，但几次练习下来，他们就能很快地归类出来，对于这三种食物的区别越来越有概念，并且当他们在享用食物时，也遵照了练习2的"食物百分比"和练习3的"食物排排站"中的方式来进行。我相信，只要有耐心和孩子不间断地做这些练习，对大人自己的饮食选择和控制也会有很大的帮助。

这是一个非常适合在家里做的练习，试试看这样持续做一个星期，会发现孩子在饮食方面的觉知有明显的改进。小男孩浩浩在做了几次"食物分类红绿灯"的练习不久之后，有一次在晚餐后，浩浩告诉妈妈，他不想吃他最爱的甜点了。妈妈觉得这很反常，问他是不是不舒服。浩浩只是轻描淡写地告诉妈妈，甜点是"红灯食物"，对身体不好！有时我也会在课余时，听到孩子私下交谈，讨论他们正在吃的食物是属于哪一种灯的食物。我总是在旁偷笑。看到孩子对饮食觉知的提升，真的是让人感到鼓舞且欣慰。

平常孩子在吃任何食物的时候，你都可以随时不带批判性地询问他们，正在吃的是什么灯的食物。这样的问答之间，会无形中加强孩子对自己所吃食物的觉知。暂且不管他们吃得到底够不够健康，最重要的是先把选择食物的觉知能力提高。

平常去的超市就是很好的静心察觉大教室，你可以在和孩子购物时，私下和孩子简单地把超市划分为三个灯区："绿灯区"、"黄灯区"还有"红灯区"。从蔬果区（绿灯区）开始，然后再到"黄灯区"还有"红灯区"进行购买。回家之后，你也可以请孩子把购物袋里的食物进行分类。这样做既不会浪费时间，又给孩子上了一堂很好的健康饮食教育课，真是一举两得！

如何有效帮助孩子吃得健康？最重要的当然是从我们自己对食物的觉知开始！孩子的饮食一般都是以我们提供的食物为主，换句话说，孩子是跟着我们在吃东西的。因此，当我们开始把觉知放在自己的饮食习惯还有对食物的选择上时，我们就已经开始在帮助引导孩子了。

许多大人其实比孩子更需要做这样的饮食察觉练习，因为在大人的饮食习惯里，还同时夹杂着许多情绪因素。有时我们会把吃东西当成一种发泄焦虑的方式，造成暴食而无节制的现象；有时爱美人士想在短时间内减肥，把食物当作敌人般对待，因此弄坏自己的身体。我们和食物的关系，其实反映着我们和自己的关系。建议你在进食前，先用手机照下来再吃，几天的记录下来，你将会看见自己的饮食习惯以及进食时间等。一旦"看见"了自己的饮食习惯，觉知就会开始自动导航，转变得更懂得用饮食来照顾自己的身心。

　　如果我们可以以身作则地在饮食里注入更多的觉知，无形中也会开始吸收更多健康饮食方面的知识，这将会是一个美好健康人生的开始。好的饮食习惯和觉知，不仅会带来更强健的身体及清晰的思维，还能帮助我们稳定自己的情绪。当然，最重要的是，当你开始用这个饮食方式来过你的生活时，你就已经在带领孩子迈向好好爱自己、照顾自己的第一步了！

带着觉知和感恩
吃着口中的食物，
让进食成为我们
每天最快乐的时光。

2.4 触觉的静心察觉

练习前给大人的心灵小暖身

怎样的距离让人觉得刚刚好？而怎样的距离又会让人感到紧张不适？这些细微的身体感受，其实都可借由触觉的静心察觉练习来慢慢养成。

在蒙台梭利教育的幼儿园教室里，有许多让孩子拿来亲自动手做的教具，尤其是对学龄前的教材设计，都偏向于手和身体的探索。举例来说，在教导孩子从一数到十时，蒙台梭利的老师们会用小珠子的实体来让孩子数数，而不只是用一个概念要他死记下来。即使是数字的书写，也会用数字砂板的触觉来帮助孩子对阿拉伯数字有更具体化的概念。换句话说，对于数字概念的认知不该由大脑死记硬背而来，而是经由肌肉来学习记忆的，应该是具体的触觉体验在先，接着才是内化的理解经验。

借着"手"对教具的使用，孩子们慢慢经由触觉的学习来探索外在知识，同时内化对外在世界的理解和秩序。我们甚至可以说，"手"是孩子的第二个大脑！蒙台梭利曾经说过："The hands are the instruments of man's intelligence.（双手是表达人类智能的工具。）"在孩子借由触觉来学习事物的同时，大脑里的神经元也开始产生连接，孩子对所学习的事物的概念，将会更加鲜明具体。

因为我自己曾是蒙台梭利老师，所以我喜欢在静心察觉课程里放入大量的具体教学元素，即使教学的内容为诸如"想法"、"情绪"或是"爱"这类抽象的主题，我也尽量用具体教材来引导孩子。事实证明，抽象主题若能透过被设计过的具体实物来呈现，孩子的确更容易吸收我想要传达给他们的意义。有趣的是，当我把这些教具和孩子们的父母分享时，我发现家长们似乎也更有学习动力了，并且借由这些具体的影像加深了对练习的了解。看着这些家长在运用这些教具时散发着童心般的热忱，一向比较严谨的大人竟也变得更加轻松，仿佛回到他们童年的自己，所分享的讨论也变得更富创意了，我想这就是具体触觉结合教学的巨大影响力。

"触觉的静心察觉教育"在现今这个只需坐在计算机前就能学习的教育时代，显得尤其珍贵。现今很多孩子的童年早已没有了泥巴的味道，很少有机会享受将身体躺在草地上舒展的感觉。而且不但人与大地的情感生疏了，甚至人与人之间的关系也是，有些孩子早已不习惯与人亲密拥抱。如果这是一个普遍的社会现象，那现在正是我们需要重新思考并取回平衡的时候了。

凡是涉猎过早期儿童发展教育的人都知道，在生命早期，我们身体的触觉对于学习周遭的环境有多重要！换句话说，如果孩子（主体）没有机会和外界（客体）有健康和正面的触觉交流，他们和外界的关系就会钝化，随之而来的是安全感的缺乏。一旦孩子没有了安全感，无形中就会变得焦躁，而这种经验一旦被内化，将来要去弥补这样的损失将会变得十分困难。

在静心察觉课程里，我们将给孩子提供各种不同的触觉练习，借着练习，孩子将从"客观"的物体探索上，反应到自己"主体"更敏锐的察觉上。只要持续地练习，孩子们会开始内化学习，并体会到自己身体上细微的感受，比方说，生气的感觉来临时，我们身体哪个部位特别不舒服？当别人靠近的时候，怎样的距离让人觉得刚刚好？而怎样的距离又会让人感到紧张不适？以上的这些问题，甚至有许多大人都是无法回答的。这些细微的身体感受，其实都可借由触觉的静心察觉练习来慢慢养成。换句话说，触觉的静心察觉练习是值得探索开发的教养区块，它不但可以奠定孩子对自己身体保持觉知的好习惯，也能够借由和外在的互动，奠定其内在精神确认的重要基础！

神秘的箱子

适合年龄5岁以上

教材

A. 音钵

B. 各种不同材质的日常用品（叉子、笔、手表、软布、石头、羽毛等）

C. 一个可装入实物的箱子（在箱子上挖两个洞，让孩子的小手可以放进去，但是眼睛瞄不到里面的实物）

方法

① 邀请孩子和你坐在一个安静舒服的空间里。

② 告诉孩子，我们今天要做一个"神秘的箱子"的练习，这是一个有关触觉静心察觉的练习。

③ 轻敲音钵，练习开始。

④ 展示神秘的箱子，并告诉孩子，这个箱子里的东西都很安全，没有活的动物，所以不会咬他们或是伤害他们。

⑤ 邀请一个孩子用手摸摸秘密箱子里的东西，并试图在箱子里选一个特定的实物，先不要拿出来，仔细地去摸它，接着猜猜该实物可能是什么，说出名称之后，再把实物从箱子里取出。

⑥ 以此类推，让每个孩子都有机会练习，直到所有的实物都从箱子里被取出为止。

⑦ 轻敲音钵，练习结束。

　　告诉孩子，除了眼睛之外，手也可以帮助我们识别物体，帮助我们说出物体的名称。有时触觉甚至比视觉可以带给我们更多的信息，比如说：物体的质感、温度，还有重量等，这些都是单靠视觉感受不到的事情。许多视障的朋友们，都拥有很敏锐的双手，因为他们时常在生活中不断地练习如何用触觉来感觉这个世界，所以触觉的静心察觉是可以在日常生活中被培养的喔！

游戏小叮咛

　　1. 在练习之前，务必告诉孩子箱子里的东西不会伤害到他们，让孩子有安全感。

　　2. 选择适当尺寸的物体放在箱子里，方便孩子用手取出。

　　3. 避免使用尖锐的物体，物体的选择以不容易伤害孩子的手为原则。

　　4. 请选择孩子熟悉的日常用品，这会帮助孩子和他们自己的日常生活有更多触觉上的联结。

练习
1

球球俱乐部

适合年龄 5 岁以上

教 材 | A. 音钵
B. 不同质感的小圆球体（网球、乒乓球、金属球、橡皮球、石球、玻璃球等）
C. 一个可装得下这些小球的箱子（在箱子上挖一个洞，让孩子的一只小手可以放进去摸球，但眼睛又看不到里面的小球）

方 法

① 邀请孩子和你坐在一个安静舒服的空间里。

② 告诉孩子，我们今天要做一个"球球俱乐部"的练习，这是一个有关触觉质感的静心察觉练习。

③ 轻敲音钵，练习开始。

④ 展示秘密的箱子，并告诉孩子，这个箱子里有各种不同的球，每个球都有不同的质感，你将会轮流邀请小朋友们用手摸摸秘密箱里的球。轮到的小朋友，在箱子里选一颗球但先不取出，然后仔细地用手的触觉去感受它，并说出触摸时带给身体的感受，请他表达出该球的属性或是其特殊的质感。这时可以问其他坐在圆圈中的小朋友：根据摸球小朋友的描述，猜一猜箱子里的是什么球？

⑤ 等大家说出自己的答案之后，再请握球的孩子把球从箱子里取出并公布答案。

⑥ 邀请孩子轮流来做这个练习，直到所有的球都被取出为止。

⑦ 轻敲音钵，练习结束。

　　邀请孩子分享：球的不同触觉给身体带来的影响是什么？当手在摸球时，脑海中是否有浮出那颗球的画面？某些球的触感是不是让他们想到自己在玩那种球的画面？触觉是不是和回忆也有关联呢？

游戏小叮咛

　　1. 请孩子从箱子里拿出球后直接交给你，这可避免孩子想拿球来玩，影响到其他人练习的情绪。

　　2. 此练习也可以是触觉重量的察觉练习，让孩子从箱子里取出由轻到重不同等级的球，将球在箱子外依序排列出来。

练习

2

冷暖自知

适合年龄7岁以上

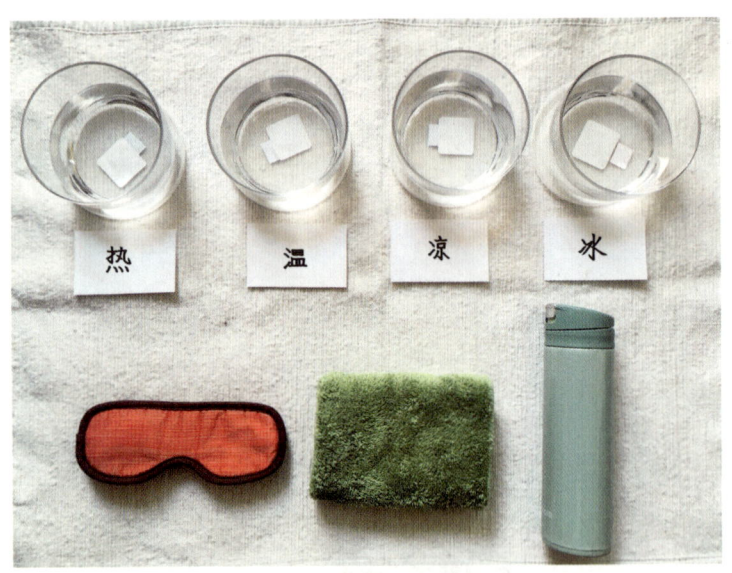

教材

A. 音钵

B. 四个不同的装水杯子，杯子里有热水、温水、凉水、
冰水四种不同温度的水

C. 写有水温的卡片（热/温/凉/冰）

D. 眼罩、擦手巾

E. 装有热水的保温瓶

250

方法

① 邀请孩子和你坐在一个安静舒服的空间里。

② 告诉孩子，我们今天要做一个"冷暖自知"的练习，这是一个有关触觉温度的静心察觉练习。

③ 把不同水温的杯子随机由左到右排列出来，并把擦手巾安置在旁边。告诉孩子，每个杯子里的水都有一定的温度，这四个杯子里，有一个装有温度稍高的热水，但是请小朋友放心，因为这个温度的热水不会烫手。

④ 轻敲音钵，练习开始。

⑤ 邀请孩子戴上眼罩，然后引导他用手去触摸不同杯子里的水，接着请孩子借着手触的水温，把热、温、凉、冰四种不同的水温排序。

⑥ 帮孩子把卡片照他所说的顺序一一放在相对应的杯子前面，然后请孩子取下眼罩。

⑦ 再次和孩子确认水温的排列顺序，并分享讨论。

⑧ 轻敲音钵，练习结束。

1. 请孩子分享触摸不同温度杯子的身体反应。提醒孩子，当我们先接触凉水时，似乎可以很快感受到它和其他水的不同温度，但是如果我们先接触温水时，可能不能很快判别其他水温之间的差异，因此温度的判别不一定都是客观的，有时温度是一种比较出来的结果。

2. 年纪大一些的孩子可以接着分享，我们生活中有许多对温度的主观判断，有很多时候，我们必须借由比较才能判断出温度之间的差异。比如说，当夏天来临时，居住在亚热带的人可能对热度觉得还蛮适应的，但是对居住在寒带地区的人来说，要适应炎热的天气可能需要多花一些时间。

游戏小叮咛

1. 热水温度以不烫伤孩子的皮肤为原则，只要比温水的热度稍微高一点，以方便孩子区分即可。

2. 不刻意去修正孩子的回答，重点是身体的体验，而不是答案的正确与否。

3. 基于卫生方便的考虑，戴上眼罩之前，请在眼睛和眼罩之间夹上一张面巾纸，避免下一个使用眼罩的小朋友眼部受到细菌感染。

4. 备有保温瓶的原因是，若水温因练习时间长度而产生变化时，可加入保温瓶里的热水来调整杯子里四种不同的水温。

奇形怪状

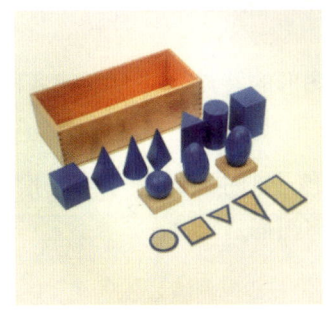 

教材

A. 音钵

B. 神秘袋

C. 袋子里放着各种不同的几何图形厚纸板
（三角形、正方形、圆形、长方形等）

方 法

① 邀请孩子和你坐在一个安静舒服的空间里。

② 告诉孩子，我们今天要做一个"奇形怪状"的练习，这是一个有关触觉形状的静心察觉练习。

③ 轻敲音钵，练习开始。

④ 把所有的几何图形从左到右排列好，保持静默。

⑤ 拿起三角形板，用食指慢慢地沿着线条挪动，然后强调性地停在三个尖点处，接着说"三角形"。

⑥ 以此类推，用手指强调每个图形的特点，并介绍其名称。

⑦ 将所有图形放入神秘袋，请孩子把手伸进袋子里，借着触摸来找出你指定他要拿出的几何图形。

⑧ 轻敲音钵，练习结束。

分享讨论重点提示

告诉孩子，除了依靠视觉，我们的触觉也会帮我们找出我们想要找到的形状，所以我们也可以说手是我们的第二双眼睛喔！

游戏小叮咛

1. 这个游戏可依不同的年龄，做出调整。

比如说，对于还不能说出图形名称的孩子，可以放几个"几何图形例表"在他们旁边。当你需要孩子从袋子里拿出某个几何图形时，可以给他们先看例图，然后请他们从袋子里拿出和例图一样的图形。

2. 对于年纪稍大一点的孩子，可以把难度调高些，给他们提供更多不同的几何图形，比如说梯形、菱形、星形、五边形等。对于年纪在八岁以上的孩子，就可以给他们更难的挑战，例如提供五边形、六边形甚至十边形这些非常相似但又不同的几何图形，这样的练习结合了高度的专注力和触觉的敏锐性，经常练习可以培养孩子触觉的高度敏感性。

3. 类似的练习在蒙台梭利教室的感官区常常被拿来运用，如果你是蒙台梭利教师，教室里感官区的几何图形嵌板或是几何立体模型都很适合拿来当作这个练习的延伸教具。

静心察觉小记

　　触觉的探索无所不在。当孩子在家帮忙叠衣服时，你可以做不同布料材质的触觉练习。有些衣服布料柔软，适合当睡衣；有些衣服材质厚实，适合当冬天御寒的外衣；有些衣服材质防水透气，适合当登山衣等。提醒孩子，不同的材质触感可以给身体带来非常不同的感觉，也因此有了各种不同的设计。

　　如果你家在小院或是阳台有种植盆栽的话，也可以邀请孩子多用手去触碰花花草草，感受大自然里土壤、石头或是花朵带给他们的触觉体验。如果家里没有这样的场地，也可以带孩子去公园里赤脚踩踩草地，或是去森林里抱抱树。和孩子上户外静心课时，我常会安排孩子们去抱抱树，感受身心与大自然联结的感觉。曾经参加过静心课程练习的一个孩子告诉我，她做过印象最深刻的静心练习之一，就是去静静地拥抱一棵树。

当孩子在家泡澡时，你也可以借此机会来做"冷暖自知"的延伸练习，帮孩子慢慢地为浴缸里的水加温，让孩子体验浴缸里温度的变化，还有泡澡一段时间后热水慢慢变凉的感觉。这些居家练习都不需要刻意准备，只需要在我们平常所做的事情上加上"觉知"的调味料而已。然而，有了这个"觉知"的调味料，我们的生活是不是变得更有滋味了呢？

关于对"形状"的察觉，你可以任意更换神秘袋里的主题来做"奇形怪状"的练习，主题可以是物体表面的凹凸、形状、粗滑、重量等，各种你想要孩子们探索的触觉类别，都是很好的触觉练习主题。另外，准备孩子日常生活中常会接触到的物品也是一种很好的主题，像是各种形状类似但表皮触感不同的水果，如：桃子、李子、番石榴……这些练习不但有趣，也会大大地提升孩子对自己周边物品的触觉敏感力！

因为有触觉，所以身体有了空间感和在生活中的存在感。在身体早期发育期间，孩子就是借由触感来发展自己和环境的相互信任关系的。有了可依赖并安全的触觉感受之后，孩子将会自然发展出一种对环境的信任感，进而由内在产生出一种踏实而稳定的感受。如果可以，请多多拥抱自己的孩子，因为触觉对孩子来说，是非常重要的一个感官。

在五感的探索里，对于触觉的觉知，渐渐在成人世界里成了最容易被忽视的一环。我们似乎在不知不觉中，钝化了对触觉的敏锐感触，一整天下来，我们有时甚至忘记了自己还拥有一个"身体"，因为大多数的时间中，我们都把注意力放在大脑上，加上在现今生活中，天天神游于网络世界，更是升高了我们对身体的失忆指数。想想我们有多久没能好好静下来，感受手握一杯茶的热度或是感受拥抱一个孩子的温度了？好像真的只有等身体某个

258

部位发出警报的时候，我们才会想到，原来自己还有个身体需要照顾，而这样对待时时任劳任怨为我们服务的身体，实在太不应该了！

　　除此之外，身体还是一个提醒我们回到当下的好朋友。就如我经常和来上课的朋友们分享的，当我们在生活中忙到迷失自己时，回到当下最好的方法，就是回到自己身体的触感里。伸伸懒腰，搓热双手，然后把温热的手放在眼睛上、让眼睛休息一下等，这些都是可以借由触觉帮助我们回到当下的好方法，而我们可以随时随地这样做。触觉静心让我们和"当下"做一个友善的拥抱，相信这些和生命"握握手"的小小真实触感经验，将会让我们和生命产生更亲密的关系。

记得常常和生命"握握手"，
随时随地给"当下"一个
热情的拥抱！

2.5 嗅觉的静心察觉

嗅觉对我们的影响，远远超过我们的想象。就因为它是如此的微乎其微，所以我们可能都没发现自己的行为其实被嗅觉深深影响着。

曾经听过这么一个真实的故事：有一位开面包店的师傅，因为苦于生意不好，所以开始向身边的生意达人请教该如何让自己的店面起死回生。面包店的面包其实好吃又健康，就因位于偏僻巷内而乏人问津，因此面临倒闭的危机。许多生意达人纷纷想出各种经营上的策略来帮助这位老板，但可惜的是，面包店的生意还是一如往常的门可罗雀。有一天，有个来买面包的老人，吃了面包之后觉得，面包不但好吃，还有一种浓浓的古早香，于是他随口告诉老板，这么香的味道也应该和大众分享才对。这时老板灵机一动，决定在店里厨房打一个通气口，并在每次面包出炉时，把通气口对外打开，好让路人也可以闻到面包香喷喷的味道。而这样简单的小改变，彻底拯救了小店面临倒闭的命运，因为街上走过的行人们被一阵阵扑鼻的面包香味所吸引，自然好奇地顺着香味往店里走，接着纷纷主动掏腰包买下面包，面包店的生意因而起死回生！这就是嗅觉的魔力，它让人无法抗拒，让我们心甘情愿地被征服，这应该也是许多人对某些品牌香水情有独钟的原因吧。

嗅觉是五个感官中唯一由大脑先反应再进入思考的感官。许多科学研究表明，嗅觉是唯一一个和大脑"边缘系统"有直接联系的感官，而"边缘系统"主管着我们的情绪和记忆。换句话说，嗅觉不但拥有不同于其他感官的特质，甚至还带着一点感性质地。举例来说，想必你我或多或少都曾有把气味与特定的经历或物品联想在一起的经验，有时我们会不经意地和某种熟悉的味道重逢，因此勾起了内心深处隐藏的回忆，而那样的回忆可能比其他感官所能勾起的回忆更让人印象深刻。比如说：身为异乡游子的我，就曾因为久违重闻到母亲的饭香而感动，熟悉的味道让我马上与儿时对母亲的情感产生深刻的联结。

嗅觉除了和我们的回忆有着细微的关联之外，它也和我们的情绪有着举足轻重的关系。有一位家长带女儿安雅去欧洲旅行，小小年纪的安雅，特别不喜欢其中一个国家，她告诉妈妈，那个国家的味道臭臭的，不好闻。安雅的妈妈告诉我，当她们在那个国家旅行时，安雅总显得无精打采或是不开心，而她给出的理由，就是当地的味道不对劲。我想，这真是一个嗅觉影响情绪的典型例子！

另外，嗅觉的钝化还可能带来抑郁。在西方也有研究显示，超过三分之一的嗅觉功能障碍患者有呈现轻度抑郁症状的倾向。从这些例子看来，如果我们能提早协助孩子提高嗅觉的察觉能力，甚至利用嗅觉和大脑的特殊关系来帮助孩子产生更正面的觉知经验，势必能引导孩子的正面思考，进而帮助孩子调节情绪，减少其情绪失衡的可能。

用嗅觉猜味道

适合年龄5岁以上

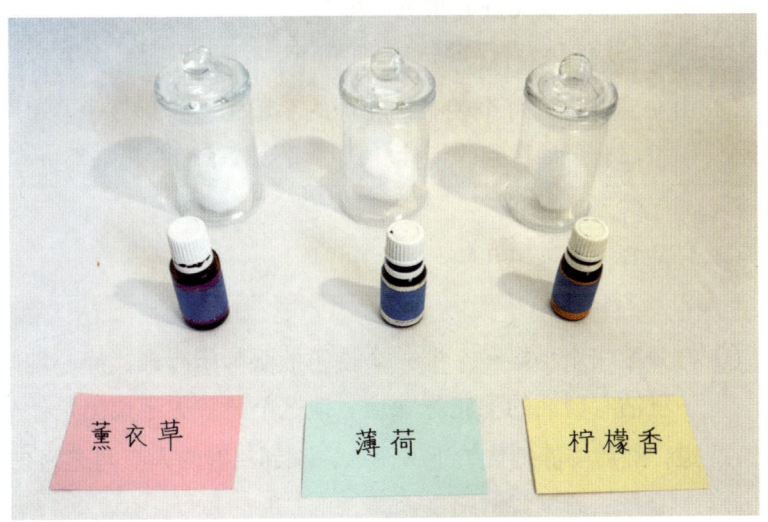

教材	A. 音钵
	B. 三个透明有盖子的小罐子
	C. 棉花球
	D. 三种不同的精油
	E. 精油的名称卡：薰衣草、薄荷、柠檬香

方 法

① 邀请孩子和你坐在一个安静舒服的空间里。

② 告诉孩子，我们今天要做一个"用嗅觉猜味道"的练习，这是一个有关嗅觉静心察觉的练习。

③ 由左到右排列每个装有棉花球的小罐子，告诉孩子，每个罐子里都有一种特别的精油味道，虽然罐子们看起来都一样。

④ 轻敲音钵，练习开始。

⑤ 打开第一个小罐子，请一个孩子把眼睛闭起来，静心地闻罐子里沾有精油的棉花球味道。请这个孩子先不说出是什么味道，然后安静地传给下一个人，直到所有的人都闻过为止。

⑥ 询问孩子们：该精油是什么味道？待孩子们都回答后，把正确名称卡放在该罐子的前方。

⑦ 以此类推，直到三个罐子都被闻过为止。

⑧ 轻敲音钵，练习结束。

在和孩子互传精油罐分享的时候，可以问孩子几个问题：

"不同味道对身体所产生的影响有什么不同？"

"是不是曾经在哪儿闻过类似的味道？"

"这些味道是否带来了某些回忆？"

"有些人喜欢某种味道，有些人不喜欢某种味道，喜欢的理由是什么？不喜欢的理由又是什么？我们对味道的感受是不是很主观呢？"

游戏小叮咛

1. 在精油的选择上，以不过度刺激的精油为先，比如说，薰衣草、甜橙、柠檬、薄荷都是不错的选择。

2. 在讨论之后，可以告诉孩子，因为特定的味道会带来身体不同的反应，所以味道也可以拿来当药用喔！比如说，淡香的薰衣草可以拿来帮助睡眠，而凉凉的薄荷可以用来提神等。

3. 如果孩子允许，可以分享一点他们喜欢的精油，擦在他们身上，当作嗅觉觉知练习的延伸。

茶里的世界

适合年龄 6 岁以上

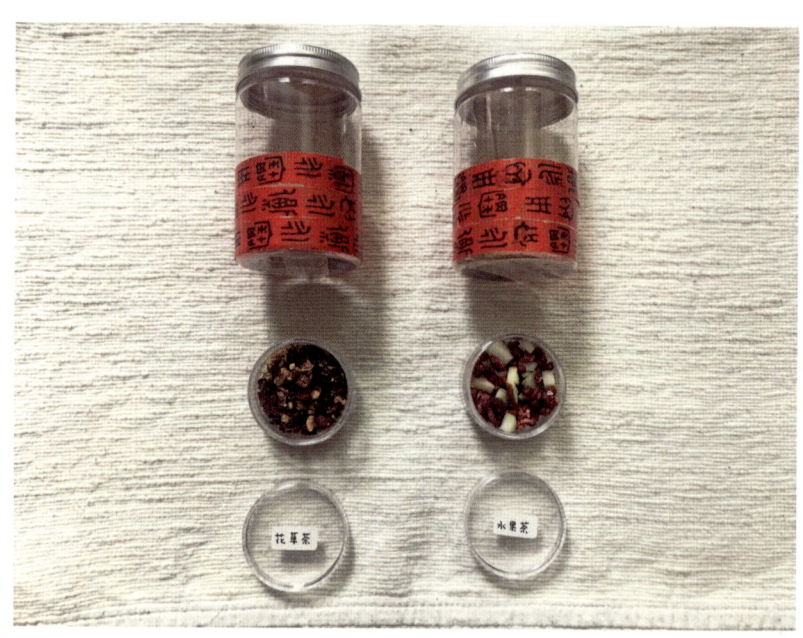

教材	A. 音钵
	B. 两个不透明但有盖子的小罐子，两种 不同的茶叶（水果茶，花草茶）
	C. 眼罩

266

方法

① 邀请孩子和你坐在一个安静舒服的空间里。

② 告诉孩子，我们今天要做一个"茶里的世界"的练习，这是一个有关嗅觉静心察觉的练习。

③ 把罐子排好，告诉孩子，每个罐子里都有一种混合茶，我们今天要戴起眼罩，用鼻子来闻闻，看看我们是否可以闻出茶里面有几种不同的组成成分。

④ 轻敲音钵，练习开始。

⑤ 帮孩子戴上眼罩，打开第一个小罐子，请他静心地闻罐子里茶的味道，然后问孩子：
"在茶里面可以闻到几种不同的味道？"
"那些味道分别是什么？"
"如果是水果茶，请问是由哪几种水果组成的？"
"如果是花草茶，又是由哪几种花草组成的呢？"

⑥ 以此类推，直到两个罐子都被闻过并且被分享讨论过为止。

⑦ 轻敲音钵，练习结束。

　　告诉孩子，我们的鼻子可以从一个罐子里同时闻到好几种不同的味道，而这些不同的味道混在一起时又变成另一种不同的味道。这就是嗅觉很奇妙的地方，它可以在同一个时间带给我们不同层次的感受，所以我们可以用鼻子来辨别出气味的层次感和丰富性。

游戏小叮咛

　　1. 在茶类选择上，以不同种类混合而成的花草茶和水果茶为主，如果孩子年纪大一些，可以加入认茶或闻茶的练习。

　　2. 不去评判答案的对错，但是当孩子答对时，请给予孩子肯定的评价。

　　3. 如果是在班级里进行这个练习，请在戴上眼罩时，在眼睛和眼罩之间夹上一张面巾纸，避免下一个使用眼罩的小朋友眼部受到细菌感染。

练习

1

香道

适合年龄 5 岁以上

教 材

A. 音钵

B. 三根不同味道的香

C. 插香器皿

D. 打火机

方 法

① 请孩子和你坐在一个安静舒服的空间里。

② 告诉孩子，我们今天要做一个"香道"的练习，这是一个有
关嗅觉静心察觉的练习。

③ 轻敲音钵，练习开始。

④ 点燃第一根香，用手稍微轻拨香味到孩子的鼻前，请孩子去
感受这个味道带给身体什么样的感觉。香味让身体更放松还
是反而更紧绷？

⑤ 邀请孩子猜猜这是什么味道。

⑥ 接着邀请孩子分享闻到这个味道的感觉：是快乐？讨厌？还
是没有感觉？（介绍嗅觉和情绪的关系）

⑦ 最后，请孩子把眼睛闭起来，感受这个味道带给他们一个什么
样的画面。是在大自然中？海边还是山上？白天还是晚上？
如果这个香可以有颜色，那可能是什么颜色？（介绍嗅觉和
想象力的关系）

⑧ 以此类推，直到三根香都被闻过，并让孩子都分享讨论过

为止。

⑨ 轻敲音钵，练习结束。

分享讨论重点提示

告诉孩子，我们的鼻子不但可以闻出不同的味道，味道还可以带给我们不同的想法和感觉，甚至在我们的脑海里产生画面！每个人对闻到的味道的感觉都是主观的，我们可以享受嗅觉带来的不同层面的探索。

在中国文化中甚至有香修行者，把品香当作一种身心修行的方法，所以在嗅觉的静心察觉中，我们可以把它和心灵的提升联结呢！

游戏小叮咛

1. 建议香的种类以不刺激为主。一般来说，檀香、花草香都是很好的选择。

2. 出于安全考虑，请不要让孩子自己拿香。

3. 一次只点燃一根香，熄了一根香之后，待香味散尽再点另一根香，这样才不会造成香味的混淆。

4. 如果时间允许，可以让孩子把闻到香之后所想象的画面画下来，然后在小组里分享。

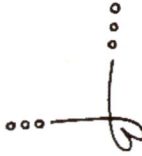

静心察觉小记 ✏️

　　大家可能不知道，嗅觉是我们出生时第一个使用的感觉。当我们吸进生命的第一口气时，我们就像是对世界宣示了我们的到来一般。无疑，生命就是从嗅觉的呼吸开始的！

　　科学研究显示，我们每五十个基因里，就有一个基因是为嗅觉而工作的。照照镜子，看一下脸上这个二十四小时都在为我们工作、让我们赖以生存的鼻子，其实就像是一个神通广大的神探，它那两个小小的鼻孔，竟可辨认出一万种不同的气味呢！既然我们拥有这么厉害的生理机制，当然要好好地利用它来帮助我们做静心的练习啦！

　　许多静心练习都是从呼吸导入的，大家或许都有经验，有时做了几个有觉知的深呼吸，就可以把我们从脑中虚拟的幻想世界带回到眼前真实的当下来。当我们饥肠辘辘、想要享受一餐美味可口的菜肴时，也请先谢谢自己的嗅觉，因为嘴巴尝到的味道和嗅觉也是息息相关的。当我们咀嚼食物时，夹带着食物气味的空气被推上鼻腔，而当气味到达嗅觉上皮时，它就告诉大脑许多关于我们正在进食东西的信息。换句话说，没有了嗅觉，我们将丧失品尝任何美食的权利。当我们身处大自然、呼吸森林芬多精时，那种全身通畅的感受无以言表，但当闻到难以忍受的气味时，我们马上反感，全身唯恐避之不及。这些例子都在告诉我们，嗅觉在我们的生活中扮演了什么角色，如何影响着我们的生活，又如何在微细间掌控我们的身心变化。

当然，嗅觉不只是影响着身心的觉受，它还和我们的记忆及情绪有着密不可分的关系。前面文章里我们有提到，气味唤起的记忆可能会比其他感官所创造出来的记忆更加让人动情且愉快。而在情绪方面，源于古埃及的芳香疗法更是用嗅觉来疗愈情绪的最好例子。所以嗅觉的静心练习，不只是一种觉知的练习，它还有教育和疗愈的功能。

孩子们的嗅觉，会一直从出生持续到八岁左右才能发育完全，所以在这段时间里，我们若能和孩子们做嗅觉的静心察觉练习，将是非常好的。在静心课里，我利用嗅觉的练习来激发孩子的记忆力，比如说练习1的"用嗅觉猜味道"就是一种利用嗅觉来训练记忆的方式之一，而在生活中，也建议你以此类推，运用嗅觉来和孩子做有关记忆力的学习。练习2"茶里的世界"则是利用茶里各种不同的成分，来刺激孩子的嗅觉敏锐性，进而营造出内在层次空间感。这是一种相对带有质感和美感的嗅觉练习，不但深受孩子喜欢，且对孩子十分有益。最后我们在练习3的"香道"里，邀请孩子感受嗅觉对情绪的影响力，借由东方的香道传承，让我们在对嗅觉的探索里尊重大自然药草香气的熏陶，并在品香的过程中，看到自己身心情绪的变化，进而更加认识自己！

欢迎大家把嗅觉的静心放到生活里，时时来和孩子做练习，让孩子将来对自己的童年回忆里，多一些在心中回荡的淡淡静心之气！

给大人的
悄悄话

在我曾任职的蒙台梭利教室里，我会布置出一个小茶区，当孩子在"工作"一段时间之后，他们可以邀请他们的朋友一起去小茶区喝茶，享受茶的香气，并和朋友面对面说话聊天。孩子们似乎都在小茶区域得到了滋养和满足，喝完茶之后的他们总是可以更加精力充沛地回去做自己的工作。孩子们对于这样的安排非常喜欢，同时也非常尊重对茶区的维护，不知不觉中，孩子们在茶区里的动作举止都显得特别优雅和安静。

我自己本身是个茶爱好者，常常在静心察觉课堂里安排和孩子一起品茶的机会，也希望他们能借由觉知来慢慢地体会茶中世界的万种风情。孩子们往往可以经由嗅觉在脑海里想象出一个充满生机的自然空间，听他们分享其脑海画面里的花草、山水和蝴蝶，着实是品茶时的雅趣之一。这样的过程其实和许多爱茶之人在喝茶时，以品茶韵来感受内在山水世界是不谋而合的。我觉得，任何静心察觉的练习都可以这样和谐地融入孩子的生活，因为静心察觉练习本来就应该是生活中的一部分，所以我们不仅可以时时把生活中的事物当作活教材来练习，还可以让生活充满觉知的情趣。静心察觉课程真的是学习让生命更美好的一堂艺术课！

我们随时都可以做一个深呼吸，提醒自己，吸进觉知，呼出爱。